「命」の相談室

僕が10年間少年院に通って考えたこと

ゴルゴ松本

749

中公新書ラクレ

まえがき

２０１１年。東日本大震災が起き、「絆《きずな》」という漢字がスローガンのように人々の心に残った年。僕にとっても大切な絆が生まれた年でした。

僕はこの年から、かれこれ10年間、少年院の子どもたちに向けて講演を行うボランティア活動をしています。今まで僕が学んできた、漢字や日本の歴史に関する知識を総動員して人生について語るもので、『「命」の授業』と題しています。

正直に言うと、僕はもともと「少年犯罪を減らそう」という正義感や、「無償でなにかをしよう」というボランティア精神を持っていたわけではありません。いや、そんな気持ちは今でもないのかもしれません。そんなボランティアの「ボ」の字もなかった四十過ぎのお笑い芸人が、なぜこの活動を始めたのか。

きっかけは北村啓一《きたむらけいいち》さんという、強引で、熱い心を持ったおじさんとの出会いでした。ある時、少年院での慰問《いもん》講演会の依頼がありました。芸人でも僕より適任者がいると思ったし、そのときは興味もなかったので、断ることにしました。ですがその後も「しつこい！」と思うほどに依頼があったので、うんざりしながらも一度だけ担当者に会って話を聞いてみることにしました。それが北村さんだったのです。

北村さんは定年後からこの就労支援のボランティアを始めたそうで、「日本の犯罪発生率をほんの数パーセントでいいから減らしたいんです。そのためには少年院から、未来の大人たちから変えなければいけないんです」と熱く語る姿が印象的でした。少年院の活動に留まらず、被災地でのボランティアなども精力的に行っていたそうです。会ったが最後、彼の持つエネルギーに圧倒された僕は、一度だけ少年院での講演会を引き受けることにしました。

それまで少年たちの前で講演をしたことはなかったので、話す内容はすでに頭の中にありました。僕は２０００年代後半から「ゴルゴ塾」という集まりを定期的に開いていました。当時はテレビでネタ番組が全盛で、同じ事務所の中でもブレイクする若手がたくさんいた一方、一瞬にして後輩芸人に追い抜かれ、夢や目標を見失ってしまった芸人もそれ以上にたくさんいました。後輩たちが腐っていく様子を見たくなかった僕は、時間があるときに集まってくれたメンバーを相手に、自分の学んだ漢字や歴史の知識、読んだ本の話をして、ほんの少しでもいいから元気を取り戻すきっかけにならないか、と試行錯誤していました。嬉しいことに元気を取り戻し、その後M－1グランプリ決勝まで辿り着いた後輩もいます。

夢を見失い腐ってしまった若手芸人たちの境遇と、少年院に入ることになってしまった少年たちの境遇は実は近いんじゃないか。そう思い、「ゴルゴ塾」で話した内容を少年たちに分かりやすいようにアレンジして、話すことに決めました。勘違いされている方も多いのですが、少年院に入っている子どもたちが「心根の悪い不良少年ばかりである」という認識は間違いです。彼ら彼女らは周りの大人からの教育不足、コミュニケーション不足、愛情不足により、善悪の判断ができぬまま罪を犯してしまっていることがほとんどです。だから僕はまず、彼らに話しかけ、彼らの話を聞き、自分のことも話し、コミュニケーションを取ることに力を注ぎました。

とはいえ、やってみるまでは不安もありました。罪を犯し、少年院に入ることになった子どもたちが、反応を示してくれるか全く分かりません。ですが、彼らは僕の問いかけには正面からきちんと答え、好意的な反応を示してくれました。この講演は成功であったようで、出版社での勤務経験がある北村さんが興奮した様子で、「素晴らしい講演でした。この内容を本にすれば売れますよ！」とボランティア精神からかけ離れたことを言っていたのを覚えています。

講演会を終えて、自分の中に変化があったことに気づきました。まず、僕自身がすごく楽しく感じたこと。北村さんの熱意に押され、半ばいやいや始めたことが嘘のようです。そして講演後、子どもたちがくれた感想文に、心から感動したことでした。講演者へ感想文を書くことは院内での課題となっているので、彼らが自発的に書いたものではありません。それでも、子どもたちは僕の話したことをきちんと理解してくれていたこと、そして自分の犯した罪を心から反省し、立ち直りたいと思っていることが伝わってきて、心を動かされるには十分でした。少年院は罪を犯した人間を収容する場所ではなく、道を踏み外してしまった子どもたちに手を差し伸べる場だということを実感しました。

僕に少年たちを救うことはできないかもしれません。でも、芸人の先輩としてくすぶっていた後輩たちに少しでも元気を与えたいと思ったように、人生の先輩として、彼らのうちほんの1パーセントでもいいから、立ち直るきっかけを与えられないか。そう思った僕は、これ以降も各院から依頼を受けて、各地の少年院で講演をさせてもらうことになりました。完全なボランティアだったので、テレビなどのメディアには一切しゃべっていない非公式な活動です。

この活動が知られるようになったきっかけは、3年後の2014年。講演に訪れた榛《はる》名《な》女子学園（女子少年院）に、たまたま「FNNスーパーニュース」の密着取材のカメラが入っていたことでした。番組内で僕の講演の様子が少しだけ映ったことが大きな反響を呼び、以降、新聞やテレビなどマスコミからの取材依頼や、学校や地方の自治体など少年院以外の場所からの講演会依頼も来るようになりました。そして2015年には、講演会で話した内容をまとめた『あっ！命の授業』という本を出版させてもらえました。

冒頭で述べたように、僕は正義感に燃えてボランティア活動を始めたわけではありません。北村さんという知らないおじさんの熱意に負けてやってみただけの、ただの偶然です。そんな北村さんも２０１９年の夏、突然の病《やまい》でこの世を去ってしまいました。

ですが今や、僕がこの活動に携われるようになったのは、「あっ、命！」という漢字ギャグをやり始めた時点で決まっていたのではないかと思っています。いや、芸人としてテレビに出られるようになったことさえ、このためだったのではないかと思うほどに楽しく、やりがいを感じています。北村さんの持っていた熱が、僕に伝播《でんぱ》したのかもしれません。僕もおそらく、死ぬまでこの活動を続けていくでしょう。

２０２０年から21年にかけて、新型コロナウイルスが猛威を振るいました。お笑いライブがなくなり、甲子園もなくなり、学校にも会社にも行けなくなりました。夢や目標を失ってしまった人も多いのではないでしょうか。今、つらい時期にいる人たちのために、僕がこの10年間のうちに考えたことが、少しでも何かの役に立たないか。そんな思いから、この本を出版させてもらうことになりました。

〈第一章 『「命」の授業』が生まれるまで〉は、お笑い芸人である僕が少年院でボランティア講演をするようになるまで——人生の「偶然」が「必然」になるまでのことをお話しさせてください。

〈第二章 「命」の相談室〉はお悩み相談です。軽いことから重いことまで、今の時代の生き方に苦しむ個人のお悩みを、SNSで募集しました。これらに漢字や日本語の解釈を通した、僕なりのやり方で答えてみました。何かの助けになれば嬉しいです。

〈第三章 「命」の授業〉では、僕が学んできた漢字や歴史の知識を活かして考えた、これからの時代を生き抜くためのヒントを詰め込みました。

最後に巻末企画として、武田鉄矢《たけだてつや》さんと対談をさせていただきました。「金八先生」として長い間悩める少年少女の心に向き合ってこられた、僕の活動の大先輩とも言える武田さんから、新しい時代を前向きに生きる方法を聞いてみました。

全員じゃなくてもいい。ほんの少しでいい。読んでくれたひとのうちの1パーセントでもいいから、元気になるきっかけになれたらいいなと思います。

目次

「命」の相談室

僕が10年間少年院に通って考えたこと

第一章　『「命」の授業』が生まれるまで

いつも〝言葉〟が力をくれた

届けたいメッセージ

少年院で『「命」の授業』と題した講演会を行うようになって10年、コロナ禍によって、2020年の春以降は休止が続いていますが、それまでに全国に48ある少年院のうち、29箇所を訪れました。同じところに複数回呼ばれることもあり、少年院での講演回数は40回近くになります。

少年院や刑務所への慰問というと、歌手ならば歌で、お笑い芸人ならばコントや漫才で、入所者にひとときの楽しい時間を過ごしてもらう、というのが定番でしょう。けれど、僕のやっていることは娯楽《ごらく》とは少し違います。少年院では外部からゲスト講師を招いて、少年たちが社会に出た時のためのお話を聴かせることがあるのですが、僕の場合もそれです。

漢字や歴史についてはずっと勉強を続けてきましたが、そこから知る先人たちの叡智《えいち》、日本語の奥深さを踏まえ、人生を前向きに生きる自分なりの考えを、漢字の意味とともにお話しするのが僕の時間で、まさに講義、授業なのです。わかりやすく説明をするためにホワイトボードもフル活用。もちろん講義といえども、講師は芸人。熱く語りながらも、ギャグあり、お笑いあり、ですが。

目の前で聴いているのは、犯罪や非行で家庭裁判所から保護処分を受け、矯正教育下にある少年たち。道を外れて今ここにいるけれど、まだ若い彼らには未来がある。長い人生が待っている。そんな彼らを応援する言葉を届けたい。この先の希望につながるメッセージを伝えたい……。

『「命」の授業』というネーミングは、もちろん僕の体を使った漢字ギャグ「あっ、命！」に由来しますが、それに加えて、**「命」＝生きること、かけがえのないもの**。その意味や大切さについて考えてほしい、という願いが込められています。さらに、その根底には僕自身も、この活動を「使命」と捉え、「一生懸命」に取り組むのだという決意があります。

こうした少年院での活動が新聞やテレビで紹介されると、自治体や企業、団体、学校などからも講演の依頼が来るようになりました。僕自身も〝常に勉強だ〟と激励されているようで、『「命」の授業』は今や僕の「ライフ」ワークとなっています。

甲子園を目指して

お笑い芸人が人生について講義する……。「?」という方がいるかもしれませんね。でも、僕には〝必然〟だったとも思えるのです。

そこで、ゴルゴ松本《まつもと》のこれまでを少しお話しさせてください。まずは中学、高校時代のこと。というのも、この時期の経験がその後の僕の人生、ひいては『「命」の授業』にも影響しているからです。

子どもの頃から僕は、「これ、いいな」「やってみたいな」ということがあれば、その思いのままに実行してきました。そんな僕をさらに後押ししてくれたのが、14歳、中学

2年の時に知った「為せば成る　為さねば成らぬ何事も」という言葉です。やればできる。何だって、やらなきゃできないよ。単純明快です。初めてのこと、難しそうなことだって、まずは行動あるのみ、と僕は意を強くしたのでした。

「為せば成る」のあとに、「成らぬは人の為さぬなりけり」（できないのはやらないからだ）と続くのを知るのはそのずっとあと。30歳を過ぎてから、日本の歴史についてたくさんの本を読むようになって、この名言の主、江戸中期の名君と称される米沢藩《よねざわはん》主・上杉鷹山《うえすぎようざん》を勉強してからです。「為せば成る」という言葉は、今に至るまでずっと僕の中の柱となっています。

やりたいことがあればやってみる。中学卒業後の進路もそうでした。僕は中学で野球をしていましたが、あくまでクラブ活動の範疇《はんちゅう》。その頃の将来の夢は学校の先生になることでした。というのも、2年、3年と担任を受け持ってくれたのが、生徒の僕たち一人ひとりのことをよく理解し、厳しくもやさしい、とてもいい先生だったのです。「ああ、こんな教師になりたいな」と、進路もその方向に見据えていました。

ところが、目標がガラリと変わったのです。甲子園で行われている高校野球は子どもの頃からテレビで見てはいたものの、中学3年の時、その高校野球の映像にあらためて感動する自分がいました。

「すげえ、土ぼこりをあんなに立ててヘッドスライディングしてるよ」

「イレギュラーバウンドで顔があんなに腫れちゃってるのに、ダイビングキャッチしてすごい！」

　満員の観客が声援を送る甲子園で、灼熱の太陽の下、ユニフォームを泥だらけにしながら、全力で戦う選手たちの姿に大興奮。胸がワクワクしました。カッコイイと思いました。自分もそれを体現したい。甲子園という夢の舞台で、力いっぱい打ったり、投げたり、走ったりしたい。

　こうだと思えば、迷わず方向転換するのが僕の性分。それに「為せば成る」です。中3で進路変更、教師志望から一転、目指すは甲子園！　自分の偏差値がどうだとか、その先の大学進学はどうする、といったことはすっかり頭になく、甲子園の夢にいちばん近いというので選んだ進学先が、僕の地元・埼玉で夏の大会に5回出場している野球の強豪校、熊谷商業《くまがやしょうぎょう》高校でした。

父親にそのことを告げた時、僕の教師への夢を知っていた父は驚きました。けれど、「甲子園を目指せるのは高校の3年間だけ。いや実質的には2年と3カ月しかないんだ」という僕の猛プッシュに、「ちゃんと勉強もしろよ」という言葉とともに、僕の進路変更を納得してくれたのでした。

甲子園を目指す学校は練習もハンパじゃない。熊谷商・野球部に入って早々に僕はそれを実感しました。1年生は、その後の練習に対応できるように、またケガをしないためにも、まず体力づくりから。夏休みまでの3カ月間はひたすらランニングをし、腕立て伏せをやり、ずっしり重い手押し車を押す。それを延々と繰り返すのです。

汗まみれ、泥だらけ。しかも、当時は水を飲むのはダメだと言われていて、フラフラ、ヘロヘロになりながらも限界まで、いや限界を超えつつあっても体を動かし続けなければいけない。僕はみんなについていくのもやっとで、ただただ苦しい。キツい。肉体的にも精神的にもまだ未熟だったこともあって、本当につらかった……。

その後の日々も、豆がつぶれた血だらけの手でバットを握るなんてことはしょっちゅう。あちこち傷だらけでした。けれど、どんなに練習が厳しくとも、やめようとは思わなかった。キツいのは僕だけじゃない。みんなも頑張っている。そういったことに僕は、「うん、生きてるな」「青春してるな」と感じてもいたのです。

　野球部での練習の厳しさといえば、1年の時の監督だった斉藤秀雄《さいとうひでお》先生は、熊谷商を何度も甲子園に導いている名監督で、その斉藤先生が常に口にしていたのが、「やりゃあできるよ」「だから、やれ！」。ここでも「為せば成る」という言葉が僕を叱咤激励しました。ちなみに斉藤先生はその後、口癖そのままをタイトルにした『やりゃあできるよ――熊商野球部とともに三十年』という本も出されています。

高校球児だった時代（右）

　苦しい練習の日々だったけれど、

この経験を経てきたおかげで、その後、僕はどんなことがあっても「つらい」とは感じなくなりました。20代の頃のお金がなかった時も、お笑いの下積み時代も、あの頃のつらさに比べればなんてことはない、と思えたのです。

やりきったからこその〝悔いなし〟

甲子園には高校3年生になって、春の選抜で初めて出場することができました。夢が叶いました。けれども、1回戦で敗退。そして、その年の夏は埼玉県大会の準々決勝で負けました。それも、6対0とリードしたまま6回までいき、あと1点とれば7回コールドで勝利、というところで相手チームに大量得点を許しての逆転負け。それが高校最後の夏でした。

いずれの大会でも、僕はレギュラーではなく、ベンチメンバーでした。もちろんチャンスがあれば、いつでも出ていく準備はしていたものの、時はついに訪れず。

そんな僕の役目は、コーチャーズボックスやベンチで声を出し、チームを鼓舞《こぶ》すること。僕はファーストコーチャーで、サードには大森《おおもり》くんという補欠仲間がコーチャーズボックスにいました。そして、僕と大森くん、この二人がいつもいちばん大きな声を出していたのです。あと1アウトで負けるという時でも、僕ら二人は最後の最後まで声をふり絞って出し続けました。「ゲームセット」と言われるまで勝負はわかりません。子どもの頃から観ていたプロレスで、ジュニアヘビー級のチャンピオンベルトを手にアメリカから凱旋《がいせん》帰国した藤波辰爾《ふじなみたつみ》さんも言いました。「ネバーギブアップ!」……絶対にあきらめないと。

ただ、高校最後の夏の県大会・準々決勝で、最後まであきらめなかったのは敵チームのほうだったのです。わがチームが試合を優勢に進めながら逆転負けを喫してしまった時、レギュラー陣はみんな泣いていたけれど、僕の目に涙はありませんでした。チクショーという思いはあったものの、それより「ああ、終わったんだ」と。

甲子園を目指して熊谷商業に進み、3年の春には甲子園に行くことができた。レギュラーにはなれなかったけれど、15人のベンチ入りメンバーとして甲子園の土を踏めた。ベンチに入れない仲間もたくさんいるのです。

精一杯やってきて、その上でレギュラーになれなかったのなら仕方がない。グラウンドにいる時は全力で走り、ベンチやコーチャーズボックスでは全力で声を出した。そう、何事も全力で。これは僕のモットーです。迷いがあるからケガをする。中途半端だと悔いが残る。僕は、僕の与えられた場で、できることに最善を尽くした。やり切ったからこその「ああ、終わったんだ」なのです。

お笑いコンビ「TIM」誕生

野球漬けの生活を終えた高校3年の秋、僕は無性に芸能界に入りたくなりました。テレビを見ていて、〝あっち側〟の人間になりたいなと。父親も担任の先生も驚いていました。「おまえ、もともとは大学に行って教師になるって言ってたよな」「何を夢みたいなことを考えているんだ。現実を見ろ」。

みんな否定の言葉を返してくるけれど、僕は常に「ポジティブ」です。心の中でつぶやいていました、「やってみたいんだ」「やってみなきゃ、結果はわかんないよ」。まわりを納得させるために一応、受験はしましたが、僕にはその気もやる気も全くない。その時、未来の僕がささやいていたのかもしれません、「おまえは大学に行かなくてもいいんだよ」……。やはり（？）受験は不合格と相成りました。

埼玉から東京に出て役者修行を始めました。特に役者になりたかったわけでもなく、芸能界に入って売れたい！　ただそれだけ。親や先生が心配するはずです。けれど、僕にはその動機で十分でした。

ＴＩＭ結成当時

売れない役者をやっていた22歳の時、たまたまアパートの隣の部屋に越してきたのがレッド吉田《よしだ》でした。あちらは京都出身、僕より２つ年上の24歳。お互いに野球で甲子園に行った経験があり、何より芸能界で一旗揚げたいという共通の夢をもっていたので、すぐに意気投合。

似たような境遇で出会った二人ですが、役者をやっても芽が出るでもなく、全く食えません。家賃３万２千円のアパートに住み、アルバイトで日々の生活費を稼ぎながら、それでも苦しいとは思いませんでした。先にもお話しした通り、高校の野球部時代のつらさを思えばへっちゃら、別にどうってことはなかったのです。

当時、金もなく、夢が実現するかどうかもわからず、くすぶっている僕たちが住んでいたアパートが、その名も「みのり荘」。これは皮肉か。いや、いつか果実を生む、実を結ぶで縁起がいいのか……。このアパートは入居して2年半後に取り壊しになりましたが。

それから何年かたち、「お笑いをやろう」というレッドさんからの誘いに、もともとお笑い好きだった僕はすぐに乗りました。こうしてお笑いコンビ「TIM」が生まれたのです。それが1994年、僕27歳、レッドさん29歳の時。芸人としては遅いスタートでした。

TIMは「タイム・イズ・マネー」の頭文字をとったもの。他の若い人たちより残りの時間は少ないのだから、その時間を大事にしよう、という意味も込めて。

学ぶ楽しさに目覚めて

売れない日々

お笑い芸人になっても、もちろんすぐには売れません。27歳と29歳の新人で、まわりを見渡せば自分たちより若い芸人ばかり。二十歳《はたち》くらいの人からみれば〝おっさん〟です。最初の頃は「その歳でこれからお笑いを?」とずいぶんバカにされました。でも、何を言われても僕は「関係ねえや」と。タモリさんもたけしさんも、売れたのは30歳を過ぎてから。

お笑いを始めた94年、僕たちは定岡正二《さだおかしょうじ》さんが司会を務める番組で、前説をやらせてもらいました。定岡正二さんといえば鹿児島実業高校《かごしまじつぎょうこうこう》のエースとして甲子園で活躍し、ドラフト1位で読売ジャイアンツに入団。退団後はタレントとして活躍していました。その定岡さんが、僕たちが高校野球をやっていたと知り、自分の草野球チームの試合に誘ってくださったのです。

試合当日の朝、グラウンドにふらり一人で現れたのがとんねるずのタカさん……石橋《いしばし》貴明《たかあき》さんでした。その頃、とんねるずは『～みなさんのおかげです』『～生でダラダラいかせて!!』『ねるとん紅鯨団《べにくじらだん》』などなどテレビのレギュラー番組は多数、売れに売れていて、僕の憧れの人でもありました。当時、タカさんは34歳くらいだったでしょうか。

定岡さんの好意で一緒にお茶をさせていただいた時、僕は興奮してしまい、ほとんど喋れずにいたのですが、タカさんはそんな僕らに気さくに話を振ってくれました。

「甲子園に行ったの？　いいなあ。うちは俺の一つ上と一つ下の代は行けたけど、俺の時は行けなかったんだよね」

そして、最後にこう言ってくれたのです。

「この世界は一発逆転があるから頑張ってね」

「一発逆転」……最後まであきらめなければ挽回のチャンスはくる。

若手時代、ネタ中の一幕

僕が常に思っていることです。高校時代、野球をしている時も自分に言い聞かせてきました。大好きなその言葉でタカさんに励まされて嬉しかったし、「よし！」とあらためて気合が入ったのです。

そういうことはあったものの、ＴＩＭは94年、95年と、2年たってもネタ見せでウケず、ライブにも出られない。それまで役者をやっていてネタなんて書いたこともなかったし、お笑いに対し、まだ自分たちのやり方が見えていなかったのかもしれません。

僕とレッドさんが出会ったみのり荘が取り壊されたあと、僕たちは何度か引っ越すのですが、それも同じアパートの1階と2階だったり、50メートル離れただけのところだったり、いつもすぐそば。つまり、ずっと一緒なのです。レッドさんが今の奥さんと同棲するとなってからようやく離れましたが、それも一駅だけです。常に身近にいたので、ネタ合わせやコントの練習は本当によくやっていました。

売れない役者時代から続く下積み時代。それでも、僕もレッドさんも落ち込みませんでした。二人とも野球で鍛えられた根性はある。試合には流れというものがあって、バッターの一振りで形勢がガラリと変わることも知っている。ただ、その一振りのためには集中力と負けない気持ちが欠かせないわけで。当時の僕の日記には「よし、やるしかない！」といった殴り書きがいくつもありました。そうやって自分を奮い立たせていたのです。

授かった「命」という文字

テンポのいい一発ギャグとコントというお笑いのスタイルで、少しずつＴＩＭの名前が知られるようになった97年のお正月、実家のある埼玉の駅のホームで秩父《ちちぶ》の山並みを眺めていた時のこと。山の頂に文字が浮かんで見えました。それが「命」。

それまで「シャネル」「ルイ・ヴィトン」など、人文字ギャグはすでにやっていたけれど、爆発力はありませんでした。シャネルについていえば、その頃、コギャル全盛で、渋谷のコギャルたちがシャネルのバッグほしさに今でいうパパ活をやっているという噂がありました。そこから、「俺がシャネルになってやる」とそのロゴを体でつくってみたのです。シャネルさんから苦情がきて、以後封印となりましたが。

ともかく、それも僕のお笑いの表現でした。次のギャグを考えてはやってみて、考えてはやって。やり続けることが明日につながると思っていました。野球でも、バッターボックスで何もしなければボールには当たらず、バットの一振りがなければヒットは生まれません。

高校時代、バットを一度も振ることなく三球三振に終わったことがありました。カーブ、カーブときて見逃し、次のカーブを待っていたら、今度はストレート。僕のバットは出なかった。試合を見に来ていた父親に言われました、「振らなきゃ、当たんねえぞ」。その通り。だから僕はお笑いでもギャグを出し続けました。けれど、なかなかヒットしない……。

そんな状況の時、突然、目の前に浮かんで見えた漢字一文字。「おっ、これだ！」。力いっぱい体で表現してみました。「命！」。

授かった、と思いました。インパクトのあるウケるギャグで人を笑わせたい。そして芸人として売れたい、ずっと思い続けていたそんな僕の念が通じたのかもしれない……。

ネタとして披露した「命！」は大ウケし、「炎」「祝」など人文字ギャグも増えました。『ボキャブラ天国』で注目されて以降、テレビ番組のオファーは増え、98年、ようやくお笑いで食べていけるようになりました。

命。この文字との出会いはまさに「運命」と言っていいでしょう。お笑い芸人として売れるきっかけとなり、その後もずっと僕を支え、さらには、『「命」の授業』へとつながる。

だから僕は今も「あっ、命！」とやる時、ギャグであっても気持ちを込め、全力でやるのです。

仕事がないなら、勉強をしよう

お笑いデビュー後、4年ほどの時を経てブレイクしたTIM。テレビではたくさんのレギュラーを持つようになり、仕事は順調。しかし世の中、何が起こるかわかりません。2008年、リーマン・ショックで日本経済は大打撃を受け、僕たちもその影響で仕事のオファーがどんどんなくなっていったのです。6本あったレギュラーも2本に。いきなりヒマになりました。でも、仕事はなくなったけれど、その分、たっぷり時間はできた。これはむしろチャンスです。だったら、やりたいことをやろうじゃないか。

下積み時代の25歳の時、アルバイトの合間に立ち寄った本屋で親鸞上人《しんらんしょうにん》のことを書いた本を手に取り、買って読んだら面白くて引き込まれました。それから本が大好きになった。けれどもその後、お笑いの世界に入り、忙しく日々を送る中で、本をじっくり読むこともなくなっていました。

よし、今なら思う存分、本が読めるぞ……。それまで時間が空けば、好きなゴルフの打ちっぱなしにいくのが常でした。だけどこの時は、ゴルフもやめて徹底的に本を読んでやろうと思ったのです。

　今まで日本人として生きてきて、僕は日本のことをあまりに知らなさすぎました。だから、まずは日本の歴史から。そもそも、今、自分が存在しているのは、父、母、じいさん、ばあさん、その前の先祖がいたからで、先祖たちもさかのぼれば江戸時代、鎌倉時代、平安時代、縄文時代を生きていたわけです。ずっとつながっている。「じゃあ、『松本』という姓はどこからきたのだろう」「いつの時代から『松本』に？」。

　そんなことを調べていくうちに、日本人のルーツ、歴史的な出来事などなど、知りたいことがどんどん増えてきました。大化の改新、本能寺の変、明治維新……日本にはいくつもの大きな歴史的な変わり目がありますが、たくさんの本を読むうちに、僕が学校で習ったり、有名な話として聞いているのは上っ面の歴史観でしかなく、読めば読むほど、「この歴史話、本当はどうなの？」と疑問が生まれたりもしました。

　一つの戦いでも、勝利した人たちがいる一方で、負けた人たちもいる。そちらのストーリーはどうなっている……？　もっと掘り下げたくなってきます。そして興味の対象も、世界の歴史、その時代を知るための政治や経済へと、どんどん広がっていったのです。
日本のことを勉強しようとすると、日本語のことも知りたくなります。漢字ってどうやって生まれたの？　その意味は？　由来は？　漢字のルーツは中国ですが、それが日本にやってきて、日本の言葉を当てはめて使っていくうちに、その使われ方により意味も読み方もどんどん変化していったのだと知りました。

たとえば書物をいう「本」という漢字。木の根元に一本線が入っています。もともとは木の根っこのこと。「基本」「手本」「見本」……。あらゆることの「根本」、つまり、本は人生の根っこ、土台になるのです。「日《ひ》出《い》づる処《ところ》」、日《ひ》の本《もと》の「日本」、ちなみに僕の名前も「松本」。由来を知れば少し誇らしくなります。

そんなふうに漢字そのものははるか昔に生まれたものだけれど、過去の人たちが今の僕たちにいろいろなことを教えてくれている。この先もそうで、漢字は未来の人たちに大事な何かを伝える記号かもしれないと思うのです。

歴史や漢字は調べれば調べるほど、研究すればするほど面白く、味わい深い。そう

「味」につながっていくのです。口に入れてみたらうまい。「じゃあ、もっと」と「興味」という味になり、さらに「趣味」に。そして本を読み、学ぶことは人生の「醍醐味」となりました。

20代は、アルバイトをしながら芸能界で有名になることを目指していました。30歳を過ぎてその願いは叶ったけれど、30代が終わる頃、ふと「あ、俺、まだ知らないことがいっぱいある。このまま40代になっていいんだろうか」「大人の領域に入るには、俺は未熟じゃないのか」と考えた時がありました。それだけに、突然与えられたたくさんの時間がありがたかったし、人間いくつになっても学べるのだなと、あらためて感じたのです。

後輩に喝を入れる「ゴルゴ塾」

お笑いの世界には、売れている芸人と売れていない芸人がいます。僕も売れない時代を経験しました。30歳近くになってのお笑いデビューで、うんと歳下の連中が売れっ子になって、テレビにライブにと大忙しで動きまわるのを目の当《ま》たりにしながら、忸怩《じくじ》たる思いを「いつか見ていろ」と決意に変え、胸に刻んだ日々があります。

　2000年代中頃から後半にかけて、『エンタの神様』などテレビではネタ番組全盛で、ブレイクする若手芸人が続出。その一方で、いっこうに売れずくすぶっている連中がいました。僕の事務所にも、頑張っているのに結果を出せずにいる後輩たちが何人もいました。彼らは、同じ事務所の自分よりもさらに歳下の連中に追い抜かれ、「あっちが先に売れて、俺たち、もう終わりかもしれない」と、すっかり落ち込んでいます。

　そんな後輩の姿は見たくない。僕は、芽が出ずに夢も目標も失っている彼らを何とか励まそうと、空き時間のタイミングを見て集合をかけました。彼らの前のホワイトボードには、大きく「初心」の文字。僕は聞きました。

「どうしてお笑いを目指したのか、その思いを言ってみろ」

「有名人になって大きな家に住みたい」「モテたい」「きれいな人と結婚したい」……。

　いろいろあるけれど、みんなの一番の目標は、やっぱりお笑いで天下をとることなのです。

「その初心を忘れちゃダメだ」と僕。

「人を笑わせようとしている人間が、暗い顔をしてどうする」

「落ち込むヒマがあるなら、ネタを考えろ」

「お笑いは年功序列じゃないぞ。歳下が先に売れたとか気にする必要はない」

「気持ちで負けたら終わりだぞ」

後輩たちは「どうしていいかわからない」状態なのです。僕が先輩としてできるのは、同じ土俵で頑張りながらも、芽が出ずに腐っている彼らをやる気にさせる、そのスイッチを押すことくらい。そのために僕はいろいろな言葉を投げかけるのです。

「はい、さよなら」とやめていくのは簡単だけど、せっかくこの道を選んだのなら、もう一回、奮い立ってほしかった。一緒にメシを食ったり、ライブ終わりに飲みに行ったり、僕とはそういう関係のやつらです。野球部出身の僕にとって、かわいい後輩を叱咤激励するのは自然なことでした。

お笑いに対する自分なりの考えを伝え、「じゃあ、ネタを見せて」「このギャグはこう工夫すれば?」と実践面もやりつつ……。2004年、これが「ゴルゴ塾」の第1期です。

第2期は2010年秋頃から。再び「ゴルゴ塾」を始めました。その間、先にもお話しした通り、僕はリーマン・ショックをきっかけに本を読みあさり、漢字や歴史を猛烈に勉強していました。僕が「うわっ、面白いな」と感じたこと、「ああ、そうだったのか」と発見したことを後輩たちにも伝えたい。学んだ知識に、自分なりのオリジナルの解釈を加えて、というやり方で、僕はまた塾生たちの前に立ちました。

『「命」の授業』が生まれた瞬間

情熱おじさん・北村さんとの出会い

ある日、友人たちとの食事会から帰ってきた妻にこう言われました、「友だちの知り合いで、あなたに少年院で何か喋ってほしいという人がいるんだけど」。僕は「へえ、そう」と聞き流していました。そういうことが何度か繰り返されるうちに僕の心も動かされ、「じゃあ、直接、話を聞いてみよう」となりました。

会ってみるとその中年の男性は、「日本の犯罪発生率を減らしていきたい」「再犯率が高いのは大人。大人になる前の子どもたちから変えたい」「だから少年院の子どもたちに慰問講演をしてほしい」と熱く語ります。その人が北村啓一さん。出版社を定年後、罪を犯した人たちの就労など立ち直りを支援するボランティアをしている人でした。話を聞くうち、北村さんの情熱に押されるように、僕は「わかりました」と引き受けることを承諾していました。「大丈夫、やってみましょう」と。

「どういう内容の講演をしてくれますか?」と問われ、僕は「ゴルゴ塾」のことを説明しました。罪を犯して少年院に入っている子たちと、お笑いの世界で夢と目標を失っている若手芸人、その境遇は似ていて、話す内容はさほど変わらないんじゃないかと思ったからです。ごく簡潔に言えば、「やる気」「元気」「勇気」ひとつで人生は変わるということ。「具体的に、漢字を使ってこういう解説もします」とも伝えました。

北村さんは「ゴルゴ塾」のことなど全く知りませんでした。ではなぜ僕に声をかけたのかと言えば、これまで会社の社長さんだとか、社会人として立派な方を連れて行き、講演をしてもらったのだけど、どうも堅苦しくて、子どもたちの反応がイマイチだったそうです。

そこで芸能人やお笑い芸人で誰かいい人はいないかと思っていたところ、僕の妻を通して、「そうだ、ゴルゴさんだ」となったそうなのです。「ゴルゴ塾」のことをはじめ、僕の説明を聞いて、北村さんは「ぜひお願いします」と力強く言ってくれました。

講演活動を行うに際し、ジャケットをピシッときた僕は北村さんに連れられ、生まれて初めて霞ヶ関《かすみがせき》の法務省に挨拶《あいさつ》に行きました。法務省には、その後、2018年に矯正支援官に選ばれ、委嘱式《いしょくしき》に出席するために、その門を再びくぐることになるのですが。

初めての講演

2011年11月、晩秋の晴れた日、僕は関東地方の少年院にいました。体育館の中、150人の少年たちが演壇に立つ僕を見つめています。

「あ、テレビに出ている『命！』の人だ」

「このギョロ目のおじさんが、これからどんな話をするのだろう」

興味津々なのが、その真っ直ぐな視線からも伝わってきます。少年院での初めての講演。僕も少し緊張していました。まだ年若い彼らにとって、接してきた大人といえば家族や地域の人間がほとんどで、その大人たちへの不信感がどこかにある。だから僕は、

「こういう大人もいるんだぜ」「テレビの中の有名人じゃなくて、近所のおっさんだと思って話を聞けよ」と最初に言いました。

話したいことはたくさんあるけれど、僕は少年たちへのこんな質問から始めました。

「富士山に登ったことのある人は？」

「はい」「は～い」、何人かが手をあげます。

「そもそも富士山って何メートルあるか、知ってる？」

「6千メートル」

「おいおい、それじゃキリマンジャロだよ」

目立とうとする子もいれば、大人しい子もいます。まず目立つ子を喋らせて、ちょっとした発言にツッコミを入れる。すると笑いが起きる。これが僕のやり方です。ああだこうだという会話のやりとりの中で、今度は質問に手をあげなかった子を指して、答えさせる。そうやって、みんなを巻き込んで話を進めていくのです。

少年院にいる子の多くは、ネガティブな感情をもっています。「何でこんなところにいなきゃいけないんだ」「どうせもう自分なんか」と。家庭に問題があったり、愛情に恵まれなかった場合は、「自分だけこんな目にあって……」という気持ちもあるでしょう。そんな彼らに僕は、「何事も、考え方ひとつ、捉え方ひとつ、そして、やる気で変わるんだよ」と言うのです。

過《あやま》ちを犯して、そこにいる子たち。「過去」は「過ちが去る」と書きます。また、「反省」の「省」は「かえりみる」こと。過去に心を立ち返らせて、自分はどうしてあそこであんなことをしたのか。原因は何だったのか。心のうちをよく見てみる。すると、やった事実は事実として残っても、過ちは去って、そこから変わることができる。そして、今の心が変われば、未来も変わる。これまでの自分を変える「変身」は「変心」、心を変えることでもあるのです。

今は少年院にいるけれど、君たちも自分の力で未来を創ることはできるんだ、そのことを僕はしっかり伝えたかったのです。

初めての講演では、人との出会いの大切さについても触れました。

この地球上に人口70億人。生まれた瞬間から1秒間にひとりずつ、1分間に60人とい

講演会での一場面

う物凄いスピードで会ったとしても、100年生きたとして約32億人しか会えない。でも、必要な人だとしたら、どんなに離れていても会う。それが「縁」。そこには意味がある。そして、出会いというきっかけで人間は変われるのです。荒くれの武蔵坊弁慶《むさしぼうべんけい》が牛若丸《うしわかまる》と戦って、忠実な御付きとなるように。

出会うというのはすごいこと。今日、ゴルゴというおじさんと会った。もう二度と会わない可能性のほうが高い。でも、一度でもこうして会ったというのは、そこに何かがあるわけで……。

ほかにもいろいろと話し、気づけば90分の予定は30分もオーバーしていました。午後イチの時間に始めて、体育館の外に出たら4時過ぎ。空はきれいな夕焼けの茜色《あかねいろ》に染まっていました。秋から冬に変わる空気の冷たさを肌に感じながら、「ああ、出し切ったな」と充実感……。北村さんにも「いいお話でした。またお願いします」と言われ、一回だけのつもりで引き受けたはずが、「これからも、やれる限りやらせてください」と答えていました。少年たちに向けて、大人としてできることが僕の場合、この活動ならば、喜んでやらせてもらいたいと思いました。

必然だった『「命」の授業』への道

招かれる声に応えて、各地の少年院を訪れました。講演のテーマでよくやるのは、少年たちの今の状況を考えて、やはり、未来に希望を持てるもの。先にも紹介した「やる気、元気が大事」「目標は達成できる」「考え方で全部変わる」といったことです。

講演には、僕ひとりではなく、「ゴルゴ塾」の塾生もよく一緒に連れて行きました。後輩のコアという元暴走族同士のコンビはシェーンと改名したのち解散するのですが、彼らは5、6回、行ったでしょうか。あと、あばれる君。そして、2021年に解散し

北村啓一さん（中央）、あばれる君（右）と

ましたが、ザブングルも。

彼らには、僕の講演の中頃、10分だけ時間を与え、ネタをやってもらうのです。最初は緊張しています。けれど、場所や状況は関係なく、舞台に上がればそこはプロ。観客の少年たちは大爆笑。いつものライブとはまた違う高揚感があったようです。

なぜ、後輩を連れていくのか。なかなか売れない彼らに、あらためて笑いを提供する喜びを実感してほしかった。少年たちに対しては、まだ芽は出ていないけれど、夢や目標を持ち、頑張っている芸人の姿から何かを感じとってくれればと考えていました。また、テレビではなく、目の前で本物のお笑いを見せたかった、というのもあります。そして、芸人と少年たち、それぞれにポッと光る何かを感じたり、刺激になればいいなとも思っていたのです。

少年院で講演をやることは、僕自身にもやりがいをもたせてくれました。

リーマン・ショックのあと、夢中になって本を読みまくりました。勉強を続けるうちに、得た知識がパズルのようにつながっていき、次に、発表する場ができた。加えて、このギョロリとした眼、オトコオトコした顔、野球部で鍛えたよく通る大きな声。これは授業に際し、僕の武器でもあって、だから少年たちにも「おい、おまえな」と言えるし、男同士の会話としてやりとりができる。俳優や芸人をやっているから人前で何かを表現して伝えるのも苦になりません。そういったことを考えると、『「命」の授業』をやる今の状況は、なるべくしてなったのだ、という気がします。

ボランティアですし、ずっと公《おおやけ》にせずに続けていました。それが、ニュースや新聞、テレビの情報番組などメディアでも取り上げられると、僕の活動についての問い合わせも相次ぐようになりました。少年院で講演する様子が最初にドキュメンタリー風に取り上げられたのは、２０１４年、トークバラエティ番組『ジャネーノ⁉』でした。あばれる君をともなってのその日の『「命」の授業』では、夢をどう実現させるかを漢字を使って解説しました。これは、未来に希望をもってほしいという思いを込めていて、少年院でよくする話のひとつです。内容を少し紹介すると……。

まず少年たちに問うたのは、つらいときはどうするかということ。**弱音を吐く。「吐く」という字はくちへんに「十」（プラス）と「一」（マイナス）。弱音は吐いてもいい。**けれど、その次が大事。成功する人、夢を実現させる人は少しずつ弱音は吐かなくなる。ポジティブシンキングでマイナスなことを言わなくなってくる。「吐く」から「一」（マイナス）をとるとそう、「叶」です。そうして夢は叶う。実現する……。

といった具合です。

その翌年に『「命」の授業』は『中居正広のキンスマスペシャル』でも紹介され、大きな反響を呼びました。テレビの影響は大きく、少年院以外からの講演依頼やイベント出演の要請もずいぶん増えました。驚くとともに、今、この時代に『「命」の授業』が求められている意味を、あらためて考えるのです。

「お母さん、ありがとう」の言葉

少年犯罪が少しでも減ることを願って始めたこの活動。統計では犯罪件数は減少しているものの、社会を震撼《しんかん》させるような少年犯罪のニュースも目にします。自分がやっていることが本当に役立っているのか、僕の講演を聴いた子どもたちの再犯率ははたしてどうなのか、ふと考えることがあります。それでも、ひとりでもいいから僕の話で将来に希望を見出し、立ち直るきっかけとしてくれる子がいればと、それが活動の原動力になっています。

僕は保護司ではないし、少年院に行っても、その後、少年たちとかかわりをもつことはしないようにしています。僕が行う1時間30分の授業、その中で、自分なりのやり方で彼らに言葉を伝えるのが僕の役目です。ですから、少年院以外のところで顔を合わすこともありません。

ある町の青年会議所で講演会があった時のこと。終わったあと、僕に声をかけてきた女性がいました。40代半ばくらいの方です。聞けば、僕が以前、講演に行ったことのある少年院に息子さんが入所していたとのこと。そのお母さんが、興奮しながら話し始めました。

「少年院から帰ってきた時、息子が『お母さん、ありがとう』と言うんです。今まで一度もそんな言葉を聞いたことがないから気持ち悪くて、思わず『何なの？』と。悪いことをさんざんしてきた子なんですよ。それが何度も『ありがとう』と言ってくれて……」

僕は、その少年院で話したことを思い出していました。「いいか、女の人、お母さんを大切にしろよ」という話をたくさんしました。

「きみたちは命を授かって生まれてきた。『始』という字は、おんなへんに『台』。女の人を土台にして命は始まるんだぞ」

「お母さんがどれだけ新しい命をおなかの中で守ってくれたか。十月十日だ。おなかにいるとき、みんなは息をしてないんだぜ。お母さんの体の一部として、へその緒ひとつでつながって、そこから栄養をもらっている。お母さんはそうやって十月十日、おなかに子どもを包んで育てているんだ。そう、『包む』。そして生まれ出てきたら、今度は手で包む。てへんをつけて、『抱く』。お母さんに抱かれるんだ」

そういう話を漢字を使っていくつも説明して、「お母さんを大事にしろよ」と言ったのです。それで、その少年は「おふくろに迷惑をかけてきたなあ」と気持ちを切り替えて、少年院を出たあと、素直に「ありがとう」と言えるようになったのでしょう。

女性に関する話は、よくテーマで取り上げます。漢字を調べていると、おんなへんのつく漢字は257もあるのに、おとこへんというものはありません。人をあらわす、にんべんがあるだけなのです。漢字の世界では圧倒的に女のほうがバラエティ豊かです。

さて、そのお母さんと息子は、手紙を書いてきてくれました。そこにはこうありました。

「○○少年院にいました。あの時にゴルゴさんの話を聞いて、お母さんに『ありがとう』を言わなきゃいけないと思いました。そして、いつかお母さんから『ありがとう』と言ってもらえるよう、今、僕は料理人を目指して働いています」

「ああ、やってきてよかった」と思えた瞬間でした。実際には、こんなふうに少年院を出た子のその後を知ることはまずないけれど、どこかに、同じようにお母さんに「ありがとう」と言ってる子がいるかもしれないと思うと、ちょっと嬉しくなりました。

言葉の力を信じて

少年院の子たちのことを考えながら、あらためて僕自身のことを振り返ってみると、僕は子どもの頃からずっと〝言葉〟によって元気づけられたり、勇気を与えてもらっていました。本を読んで心に残る言葉があれば、ノートに書き出したりもしていました。新しいことに取り組む時は、上杉鷹山先生が「為せば成る」と背中を押してくれ、苦しい時は、藤波辰爾選手の「ネバーギブアップ！」の声が聞こえました。売れない貧乏時代は『成りあがり』の永ちゃん――矢沢永吉《やざわえいきち》さんから檄《げき》がとび、僕は「今に見てろ。こんなことで負けねえぞ！」と拳をあげました。

言葉は「言霊（ことだま）」――霊、つまり、たましい（魂）が宿っています。また言葉は「言」の「葉」。葉っぱのように何度も再生します。繰り返し言うことで、そこに魂が宿り、言霊となって、それを実現させるのです。

美味しい料理をつくりだす庖丁はまた、人を殺す道具にもなります。本は読むと楽しく、知識を与えてくれるけれど、投げつければ相手にケガをさせます。言葉も同じ。罵《ば》詈《り》雑《ぞう》言《ごん》、誹《ひ》謗《ぼう》中《ちゅう》傷《しょう》のように人を傷つける凶器になる場合もあります。

要は使い方次第ですが、日本人は言葉を言霊として「正しいこと、いいことを言いましょう。そうすれば正しく進むことができる」としてきました。僕もそんな言葉の力を信じています。だから『「命」の授業』も、漢字を様々な角度から見つめ、歴史の話もしながら、たくさんのよき言葉を届けたい。それが今、この時代に生きる僕の役割だと思っています。

第二章　「命」の相談室

相談に乗るにあたって

この章では、ＳＮＳで募集した様々な方のお悩みに、僕なりのやり方で答えていきます。

人生は、悩んだり迷ったりすることだらけです。
生きている限り、不安や心配は尽きません。
でも、落ち込んでいるだけでは何も始まらない。**その時にどうするか、です。**
苦しい時、つらい時は、勇気を出して誰かに話を聞いてもらいましょう。
助けを求めていいのです。
話を聞いてもらう相手は、できれば元気で、ポジティブな人がいい。
下ばかりを向いていたのが、少し目線を上げられる。別の方向に視線を向けられる。
それが、前に進むための第一歩。そして、行動する。

つらいの「辛」という漢字は、もともとは罪を犯した人に目印の刺青《いれずみ》を入れた、針のような器具の形をあらわしたもの。

辛苦、辛酸、辛辣……。暗い気持ちになります。

けれど、「辛」に横棒を一本足してみてください。ほら、「幸」になります。

今はつらい状況にあっても、一歩前に進み、その苦しみを超えて何かを得れば、「つらさ（辛さ）」を「しあわせ（幸せ）」に変えることができるのです。

苦しみを経験し、乗り越えた人は、同じように苦しんでいる人の話を聞いてあげることができます。

いつか、自分が助ける側になる。それも幸せなこと。

だから……悩みや不安は一人で抱え込まずにいてほしいのです。

それでは、始めましょう。

【相談1】夫とうまくいかない（30代女性）

夫とうまくいきません。家事も育児も非協力的で、頼み事をするとあからさまに不機嫌な態度をとられます。こんな態度が続くのであれば、これから先、夫婦としてやっていけるのか不安です。どうしたら夫は協力してくれるでしょうか。

（匿名・30代女性）

家事も育児もワンオペ……すべて一人で抱えこむのは大変ですね。夫への不満がたまりにたまって、もしかして「離婚」もチラと頭をかすめたりしているのかな。結論を急ぐ前に、今あなたがやれることをやってみましょう。

僕の友人夫婦の話です。奥さんからこんな不満を聞かされました。彼女がキッチンで1人くるくる動き回りながら料理をつくっている時、夫はテーブルでずっとスマホをいじっている。それで彼女は言いました。「お箸だとかランチョンマットくらい、テーブルに用意してよ！」「ちょっと、聞こえてるんでしょっ！」。ところが、夫は知らんぷり。それ以降、彼は妻が何か頼んでも無視、そういう状態になったそうです。もしかしたら、奥さんのケンのある言い方が、夫にはカチンときたのかもしれません。

「そりゃ、こっちは忙しくてイライラしてるんだもの、キツい口調になっちゃうわよ」と奥さん。もちろん彼女が悪いのじゃない。非は協力しない夫にあります。ただ、言葉の使い方が夫婦間のトラブルの種になることもあるのです。

僕は埼玉県の深谷《ふかや》市出身で、日頃は東京の言葉で話していますが、夫婦のやりとりの中でちょっとイラッとしたりすると、田舎言葉が出るのです。僕にすれば子どもの頃から馴染んでいる素の言葉がちょっと出たくらいのものだけど、東京生まれの妻には、普段あまり聞き慣れないその言葉が強く聞こえるらしい。高圧的だと受けとられるのです。

そうなると互いに返す言葉も強くなる。もう相手の話なんか聞いていない。あげく、「あの時、ああ言ったよね」「いや違う。それはこう」といった言い争いに発展してしまうのです。ことの発端は他愛のないことだったのに……。そういう経験を経て、僕はちょっと言い合いになりそうな時、田舎言葉で反論しないよう心がけています。

言葉の選び方、言い方一つで相手を不機嫌にさせることもあれば、逆に、相手をいい気持ちにさせることもできる。あなたの場合、これまでどんな言い方で頼みごとをしてきたのかわかりませんが、夫に響く言葉、言い方を工夫してみてはどうでしょう。たとえば、ほめて、ほめて、その上でお願いする。あるいは「〇〇してくれたら、私、ほんとに嬉しい！」とか。そこはもう演技でもいいのです。

さっきの僕の友人夫婦の話ではないけれど、頼みごとをする時はこっちも切羽詰まった状態でいることが多いから、つい命令口調になったりするんですよね。そこをちょっと工夫してみる。

それと、これも僕の経験だけど、本を読んでいたり、メールをチェックしたり、集中している時に何かを頼まれても、聞こえていないことがあるんですよね。「何無視してるの」と言われても、別に無視してたわけじゃない。耳に入らなかっただけ。あと、キッチンで水道の水が出ているときに話しかけられても、聞こえなかったり。洗い物をしている時の会話は禁物です。背中を向けているし。つまり、そういうことからも「何よ!」「何だよ!」とだんだん雲行きが怪しくなっていく場合もあるということ。

というわけで、夫へ何かを頼む時、言い方を変えるとか、違う方向から攻めてみる。人間の性格はそうそう変わらない。だけど、こちらの出方次第で相手の反応、態度が違ってくることはあるのです。そこ、試してほしいですね。**奥さまチャレンジ!!**

本当はね、普段から会話をちゃんとしていればいいんです。ちゃんとしてというのは、自分のことばかり主張するのでなく、相手の話も聞く。笑顔を見せる。そして、ちょっとしたことに対しても、「ありがとう」の感謝の言葉を忘れないこと。「ありがとう」が人を変えることはあるんですよ。自分が変わると、人も変わる……。

いろいろやってみて、それでも夫は協力してくれない。ならば、次なる手段は泣いて訴える。それもダメ。何をやっても相手は全く変わらないし、あなたは精も根も尽き果てた。そうなった時には、これからのことに結論を出してもいいかもしれません。

たとえ夫婦でも「他人」です。他人だからこそ、同じ屋根の下に暮らす以上は、助け

合う。

力を合わせて、何でもやっていく。「協力」することが大切です。それでも「協力」できないなら、別れてもいいのでは!!

【相談2】転職するべきか（30代男性）

今の職場の給与面が不満で、転職を考えています。ですが、これまで転職経験がなく、新しい職場でうまくやっていけるか、仕事面でもいままで通りの力を発揮できるのか、とネガティブなことばかり考えてしまいます。本当に辞めて大丈夫なのでしょうか。一歩踏み出すアドバイスをお願いします。

（よういちさん・30代男性）

辞めたいのなら、辞めればいい。簡単なことです。転職経験がないから不安と言っているけれど、今の職場にちゃんと就職してるじゃないですか。初めての職場に飛びこんだ経験はあるわけで、また新しいところに就職するというだけのこと。

今は漠然と不安を感じているのでしょうが、新しい道に進もうとした時、それはつきもの。だけど、恐れていては前に進めません。それに、30代で転職している人なんていくらでもいます。

今よりもっとお金を稼ぎたいんでしょう。ここには書かれてはないけれど、もしかしたら子どももいるし、家族を養うのに今の給料じゃ不足だとか、将来のことをいろいろ考えてお金を貯めないといけない、といったことがあるのかもしれませんね。

いずれにしろ、転職の目的は「収入アップ」と明確です。仕事の内容についてはどうなのでしょう。「今より稼げればいい」のかな。まあ、最初はお金が優先であっても、いずれ仕事が生きがい、俺の人生の一部だ、となってくるといいですね。やっぱり、好きな道でお金を稼げるのがいちばんだから。

先のことをあれこれ考えるよりも、まずは思ったように行動してみましょう。案ずるなかれ。つまり、あなたは自分が満足できる給与の会社を見つけ、転職して一所懸命に仕事をすればよい、ということです。とにかく、「経験」してみましょう。経験の「経」は縦糸《たていと》のことです。いろいろためしてみないと、縦糸は縦軸に育っていかないのです。

今の職場でうまくやっていれば、次の職場でも大丈夫じゃないですか。
「笑顔」と「一所懸命」を忘れずに!!

【相談3】モテたい！（20代男性）

大学3年生です。周りの友人たちはどんどん彼女ができていく中、僕だけが彼女ができず、劣等感を味わっています。「もしかしたらこのままずっと独り身かも？」という不安まで覚え始めています。モテたい！

（Keiさん・20代男性）

モテたい……？　何人もの女性たちから好意をもたれたいと思っているのなら、それは贅沢《ぜいたく》と言うもの。自分のことを好きだという人が、１人いれば充分です。この相談の場合、要は、彼女がほしいんですよね。

そのためには、まずは清潔にすること。特に外見に自信のない人は、これは絶対です。「あのちょっとだらしなさそうなところが、いいのよね」と女性に言われる男性は、もともとモテるやつ。勘違いしてはいけません。

あとは、自分を磨くことですね。たとえば、学ぶ姿勢を忘れず、知識を身につけ、仕事面で習得した技術をさらに向上させる……などなど。そうした心構えで社会で活動していれば、人との出会いも増えてくるし、内面が充実して輝いてくると、輝いたなりの人がそのうち目の前に現れますよ。

今、20代でしょう。まだまだこれから。たとえば、中学や高校の時、ちっともパッとしなかった子が、年月がたって同窓会で会うと、垢抜けて、とても素敵な大人の男性になってた、なんてことがあります。「えっ、あれがあの冴えない○○か?」ってね。内面の充実は、喋り方、立ち居振る舞い、会話の中身、醸し出す雰囲気といったものに反映される。そうして人を惹きつけるのです。

モテるために大事なことをもう一つ、それは女性にやさしくすること。自分の興味のある子にだけ、ではだめ。職場、アルバイト先、ご近所、自分がかかわる全ての女性にです。相手の話をちゃんと聞き、困っていることがあるなら手を差し伸べる……。言うなれば、相手にお金を払わせないホストに徹する、というわけです。

そうした中で、君が好意を抱く女性がいれば、少しずつ会話を増やしたり、それまでより少し仲良くなるところから始める。まずは友だちからでいいと思う。会話の中からお互いに興味のあることだとか共通点が見つかれば、それが互いの距離を縮めるきっかけになるかもしれません。

そして、好きだったら、「フラれたらどうしよう」なんて考えずに、ちゃんと気持ちを伝えよう。僕は独身時代、この女性と交際したいと思ったら、「好きです。付き合ってください」と必ず言いましたよ。もちろん「ごめんなさい」と断られるとショックだけど、そうなったら気持ちをリセットして、また前を向いて進めばいい。

これまではずっと彼女ができずにいたかもしれないけれど、出会いはいつ訪れるか分かりません。ちなみに、僕の妻は高校の同級生です。学生時代、彼女のことはあまり印象になかった。それが、卒業して18年後に開かれた同窓会で再会。この時、カミさん、輝いてたんだよなあ。そして、1年後にゴールイン。こういうめぐりあわせで結婚に至る流れもあるということです。

ともかく、大人の男として自分を成長させていれば、長い人生の中で必ずモテ期はやってくるし、出会いのチャンスもあります。君はまだ若い。焦りなさんな。

最後にもう一度言います。外見は清潔に、中身は磨こう！

清潔の「潔」は「いさぎよい」。

未練がない。平氣である。潔白。

清々しい。という意味。

「心も体も潔く」!!

ゴ

【相談4】上司のパワハラ（30代女性）

職場の上司（男性）のパワハラがひどく、仕事をするどころか、上手くコミュニケーションをとることすら難しい状態です。毎朝、出社するのが憂鬱《ゆううつ》になっています。

（さとうさん・30代女性）

どういうパワハラなのでしょう。具体的な内容を知りたいところですが。些細なミスも許さず怒鳴る。あるいはネチネチとしつこく叱責するとか。いつも無理難題を言ってくる。高圧的な態度。言葉の暴力……。

明らかにパワハラであれば、ちゃんと声を上げたほうがいい。会社のしかるべき部署に訴える。パワハラ上司のさらに上司に相談する。今の時代、パワハラ発言を録音しておくのもアリでしょう。

ただ……あなたがパワハラと感じている上司とのやりとりを、同僚たちはどう見ているのでしょうか。「大丈夫?」「無視していればいいのよ、あんなオヤジ」など、声をかけてくれる人はいないのかな。それとも見て見ぬふり?

こういうことを言うのも、あなたがパワハラの具体的な内容を書いていないのと、同僚の人たちの反応が見えないことが少し引っかかるからです。パワハラの定義は難しいけれど、コトは意思の疎通の問題で、仕事上の注意や叱責といった上司の言動があなたにはパワハラに思えている、という可能性も考えてみたのです。

一つの例を挙げれば、たとえば同じミスを何度もおかす。仕事の進め方が遅い。指示したことがなされていない。そういう部下に対し、上司は注意をするし、叱責もするでしょう。これはパワハラとは言わないと僕は思います。業績を上げることが会社としての命題ですし、その妨げになるようなら、その部下を指導することも上司の役目です。けれど、その指導の仕方で、普通に注意しただけでも、パワハラだと感じる人がいます。指導に熱心なあまり、ついついキツい口調になる場合もありますが、それもパワハラというのか？　う～ん、難しい。また、「何度も同じことを言わせるな」というのが重なって、ついには怒鳴って、というケースもあるかも。

　互いの相性もあります。どうもソリが合わない。好きになれない。そういう関係性だと互いの表情も言葉も硬くなりがちだし、そんな相手に怒られれば、「嫌いな上司にパワハラされてる私」……の構図となるでしょう。


　車のあおり運転がよくニュースになります。事故につながることがあるし、あおった挙句に降りていき、相手の車の運転手に絡んで暴力を振るうやつもいる。これは絶対によくない。やっちゃいけないことです。

　この場合、絡まれた人は被害者で、かわいそうに、怖かったろうな、となるのだけど、**ただ、その前の状況もあると思うんですよ。**僕は運転する身として、他のドライバーに「何故、そういう走り方をするんだろう」と疑問に思うことがあります。たとえば2、3車線ある中で、右の追い越し車線を遅いスピードで走っている車がいる。「ゆっくり走るのなら左の車線を走る」。まわりが見えていない場合が多いんです。スマホを見てたり、会話に夢中になりすぎて走行速度が落ちていたりと、マナーを守らず、他の車に迷惑をかけている。

あおり運転の場合、あおったやつは悪いに決まっているけれど、あおられた側の中にも、人に迷惑をかけるような、マナー無視の運転をしているドライバーを多く見かけます。**あおった、あおられたの結果だけでなく、そこに至る両者の関係性が僕はとても気になるのです。**あおり運転にかかずらう時間の無駄を考えたら、「あおられない運転」を心がける方が得策でしょう。

パワハラについても、行なったとされる側、受けたとされる側、両者の関係性はどうだったのでしょう。**パワハラの場合は、何がパワハラか、捉え方の問題もあるし、いろいろな視点から考えてみる必要があると思います。**


あなたのケースはどうなのか、正直、僕は判断が難しい。だけど現実に、あなたは職場の上司とうまくいっておらず、毎日、仕事に行くのが憂鬱でたまらない。これって本当につらいですよね。もしもやり手キャリアウーマンならば、そういう職場はさっさと見限って、転職を考えるかもしれない。その上司に直接、「これって、パワハラですよ！」と立ち向かう人もいるでしょう。でも、あなたはどちらかというと大人しく、仕事を実直にコツコツと続けてきた人かなと推察します。だから、1人で苦しんでいる。

職場に悩みを話せる人はいないのでしょうか。職場で無理に友だちをつくる必要はないけれど、一緒にお茶を飲みに行ったり、ちょっとしたグチを言い合ったり、そういう同僚がいるかどうかは、職場での居心地にも大いにかかわってきます。でも、ここに相談を寄せてくれたというのは、そういう人がいないのかもしれませんね。

同僚が無理なら、家族、知り合いの誰かでもいい。あなたのことをよく知っていて、きちんと話を聞いてくれる人に状況を説明し、意見を聞いてみてください。そして、どんな状況でどういうパワハラがあったのかも、一つひとつ書き出してみましょう。

その上で、もう一度よく考えてみます。上司の言動が会社をよくするため、部下を育てるための指導ならば、あなた自身にも改善すべきところがあるかもしれません。そうではなくて、やっぱりこれはあなたに対する個人攻撃、理不尽なパワハラだと思えるのならば、しっかり声を上げましょう。

苦しんでいる今の状況から抜け出すためにも、ここはあなたと上司の関係性を承知し、客観的な判断ができる第三者の視点が求められるところです。

一番大切なのは、あなたの「心」です。心の中には、言葉になる前の、自分にしか聞こえない「音」があります。それが「意」。あなたの「心の音」を誰かに見せてください。「意見」を誰かに伝えてください。もう一度、あなたが笑顔で仕事に向かえるように祈ります。

【相談5】暇な定年後（60代男性）

定年後、毎日家におりますが、やりたいこともなく、趣味も見つからず、無為に日々を過ごしています。ゴルゴさんなら、どう過ごしますか？

（匿名・60代男性）

趣味はあったほうが絶対にいいです。お金を稼ぐとか、ノルマのある仕事とは違い、趣味は純粋に自分のやりたいことを楽しむ。だから、現役で働いている人は、気持ちのバランスをとるためにも仕事を忘れて没頭できる趣味の時間はあったほうがいいし、引退した人は、新たな目標、日々の充実感を得るためにも趣味はもちたいですね。

僕ですか？　僕のことをお話しすると、やりたいことがいっぱいあって、それを全部やっているから、退屈することもなくて、楽しくてしょうがないんですよ。競馬、ゴルフ、読書……漢字や歴史の研究も趣味です。そうそう犬の散歩も。
競馬はね、ただのギャンブルではないんです。ジョッキーや厩舎《きゅうしゃ》で働く人間、そういった人たちと馬がどうかかわり、成長していくのか、引退するまでを含めてずっと見ていられます。感動あり、涙あり、「人と馬とが織りなすドラマを味わっている」感覚ですね。

ゴルフも、やることは、ボールを打って、「危険を回避」しながら最短で穴に入れるというものだけど、ここにも様々なドラマがあります。予想外のアクシデントは起きる。ミスも必ず出る。それをどうやってリカバリーするか。風の方向、日差しなど、絶えず変化する気象状況にも対応しなければいけません。常に状況判断を迫られるのがゴルフで、これ、まさに人生と同じです。

なので、趣味として僕はどちらもおすすめなのですが、それはちょっと腰が重いというのなら、花や植物を育てるガーデニングはいかがでしょう。庭がなくてもOK。1ℓ入りの牛乳パックをプランターがわりにしても始められます。僕はマンションのベランダでやっていますよ。種から育てて、どのくらいで芽が出てくるのか。土をヨイショと押し出して茎が伸びてくる。花が咲く。実をつける。そういった変化を季節とともに感じられます。

わが家には今年5年目の紅葉《もみじ》の木の鉢植えがあるのですが、見れば、枯れ始めている。そこで、剪定《せんてい》して光が入るようにしたり、根が詰まって酸素不足かと、鉢から取り出して根を削って新しい土に入れ替えたりと、学ぶこと、やることが次々と出てきて退屈しません。

「趣味も見つからず」とおっしゃっていますが、ちょっと大げさに考えていませんか。趣味は何でもいいのです。これまで家と会社の往復だけだったのなら、街ブラをしてみる。今まで自分の視野に入っていなかった風景との出会いは新鮮で、発見もある。本屋さんがあれば、入ってみて、棚の端から順に眺めていく。気になった本を買って読むうち、そこから興味がわき、趣味につながるものが見つかるかもしれません。

僕は、コロナ禍になって仕事が減り、家にいる時間が長くなったのと、妻が足の手術をして動けない時期があったのとで、家事をやるようになったんですね。今は妻も動けるようになったけれど、すっかり家事の面白さに目覚めました。部屋の片付けや掃除機をかけるのは僕の役目。お風呂掃除もそうです。どんな洗剤がいいかを調べ、使い分けながら浴槽、浴室の壁を磨き、さらにカビがつかないように仕上げをする。作業している時はひたすら集中しています。そして、ピカピカに磨き上げた浴室を眺めた時の充実感といったら……。今や僕の趣味となった風呂掃除。仕事で数日家を開け、帰宅すると「よし、これから磨いてやるぞ」と腕まくりして浴室に入っていくのです。

あなたも、自分の身のまわりを見渡してください。趣味になるものはいくらでもそこらにあります。僕のように掃除を趣味にするのでもいい。玄関、風呂、トイレの掃除。やってみると達成感はあるし、自分なりのやり方の工夫もできて、なかなか奥が深いことにも気づくはずです。料理、これもいいですね。1人でやるのが大変ならば、奥さんと一緒にメニューを考えて作るのでもいい。

いっそ、テーマを「妻を笑顔にする」、あるいは「家族を楽しませる」として趣味にするのはどうでしょう。掃除や料理といった家事はまさにそう。最初はやり方を奥さんに聞きながらになるので、夫婦の会話も生まれます。奥さんが喜び、笑顔になると、あなたも嬉しい。家中に笑顔が広がります。また、奥さんとドライブに行く。一緒に散歩に行く。「今日はきれいだね」と言ってみる。これも「妻を笑顔にする」趣味の一環です。

あなたがどういうキャラクターかは存じませんが、無為に過ごす毎日を忸怩《じくじ》たる思いでいるのなら、これまで仕事ひとすじ、真面目で、ちょっとカタブツな方なのかも。だったらなおのこと、これを機に、今度は「家族を楽しませる」何かを見つけましょう。恥ずかしさ、照れ臭さを乗り越えて、冗談、ダジャレ、オヤジギャグなど、面白いことを言って笑わせる。最初は、ウケなくてもいいのです。どうやったら笑わせられるか、楽しませることができるか。考えているうちにアイデアが次々とわいてきて、時間が経つのを忘れます。

僕はこのコロナ禍の中、〝マスクにらめっこ〟を考えました。文字通り、マスクをしたままでにらめっこ。目の表情と顔の動かし方がポイント。けっこう夫婦で遊べますよ。

難しく考えることはないのです。ささやかなことでいいのです。どんなことでも、あなた自身が楽しいと感じられれば、それが趣味になります。

あなたにはたくさんの時間がある。これはとても贅沢なことです。これまでずっと働いてきて、ようやくできたその時間を、「さあ、好きなこと、楽しいことを見つけよう」「これまでできなかったことをやってやるぞ」と、ワクワクする気持ちで過ごしてほしいと思います。インスタグラムや『定年オヤジの〇〇な日々』といったタイトルでYouTubeを始めてみるのもいいかもしれませんよ。

料理も人間も味付けしだい。
味のあるオヤジになってください。

ゴ

【相談6】クラスになじめない（10代男性）

中学に進学してから、クラスに馴染めません。いじめられているわけではないのですが、居心地の悪さを感じています。

（FUTAさん・10代男性）

なじめないというのは、みんなが楽しくしている中に入れず、疎外感を感じているということだよね。中に入れないのはなぜだろう。中学生になり、知らない子たちが増えて、声をかけづらい？　自分はちょっと大人になったのに、まわりの子たちは小学生から成長しておらず、子どもに感じるのかな。あるいは集団でいるのがイヤだとか。

だけど、クラスには溶け込みたい。僕が思うに、多分、これまでクラスの誰かから話しかけられたりはしてるはずです。でも、その時の受け答えが素《そ》っ気《け》なかったり、相手に壁を感じさせるような雰囲気がどこかにあったんじゃないか。意固地になって、自ら孤立しにいっている場合もあるよね。だから、みんなも距離を置く。**その状況から抜け出したいと思うのであれば、まず自分が変わらなければいけません。**

待っていてもダメで、こっちからアクションを起こす、仕掛ける、それしかない。大事なのはやっぱり会話。何を思っているのか、考えているのか、心の音を見せる。「心」と「音」で「意」。つまり、自分の意志、意思、意見を相手に伝えることです。

たとえば、会話のきっかけとして、得意なことをアピールしてみる。ゲームに詳しいとか、鉄道が好きだとか。絵が得意ならば、アニメの絵を黒板に描くとかね。それをきっかけに、クラスのみんなが君の存在を認めてくれることもある。

あるいは、「あ、俺もそれ好きなんだ」と声をかけてきたり、意見の合う人が出てきたり。**クラス全員と仲良くなる必要はなくて、そういう気の合う相手が1人でもいればいいんです。**そこから仲間が増えることもあるし。そもそも友だちなんて数が多ければいいというものでもないしね。クラスの中で他にも居心地の悪そうな子がいたら、その子と仲良くなってもいいと思うよ。

また、自分のクラスになじめなくても、そこにこだわる必要はなくて、他のクラスや部活動、先輩たち……と範囲を広げて話す相手を見つけることもできる。それにね、高校に行けば、それを機にそれまでの自分をチェンジできる新しい環境のもと、新しい自分となって、いくらでもやり直すことはできるのです。

中学生くらいのときは「体と心」がどんどん大人に進化していく過程なので、いろいろとバランスを崩すことがあります。

あなたの「居心地が良い」は、どんな場合ですか？　好きな居心地を、自分で作って広げてみては!!

「居心地」↓住み心地、こころもち。

「意固地」↓かたくなに意地を張ること

【相談7】生きる理由が分からない（20代女性）

生きる理由がわかりません。自殺する理由もないのですが、なぜ生きなければいけないか、とも考えてしまうのです。

もっと前向きに楽しく生きられたらと思うのに、できません。

生かされているのではなく、主体的に生きる目的を教えてください。


（よみびとさん・20代女性）


20代ですよね。まだまだ若い。自分は何になりたいのか。世の中に対し、自分は必要とされているのか。自分の生きがいって何？……堂々めぐりのあげく答えが出ず、「なぜ生きるの？」という悩みになったのでしょうか。

そんなに難しく考えなくていいんですよ。あなたの心臓の鼓動は自分で自由に動かすことはできない。眠っている時も動いています。これが「生きろ」のリズム。心臓が動いている限り、あなたは生き続けます。これ自体が価値あることなのです。

自分が目にするもの――ふるさとの景色でも、あるいはテレビやネットの映像でもいい。「いいなあ」「素敵だな」と心動いたことはありませんか。生きていればこそ味わえる感動で、それだけでも、生きている意味はあります。

あなたは毎日、ごはんを食べているでしょう。腹が減るから食べたい。食べたいものが目の前にあるから、食べる。**腹が減っている時点で、身体は生きようとしている。食べようとする時点で、あなたは生きたいのです。それも、何だっていいわけじゃない。できれば不味《まず》いものじゃなくて、美味しいものが食べたい。それだって生きる理由です。**

食べることが当たり前すぎて見えていないけれど、あの時のあの味が忘れられないとか、ああ、こういう時はあれが食べたくなるとか、食べ物って、僕らの人生に常に寄り添っていますよね。生きることは食べること、と言ってもいい。ただ、何かを食べるには、それを買わなければいけない。そのためにはお金がいる。だから働く。それも生きることなんです。

「なぜ生きなければいけないの？」とあなたは問いかけながら、同時に「前向きに楽しく生きられたらいいのに」とも願っている。その言葉そのものが「生きたい」という心の叫びです。生きる目的は、人を愛することとか、学ぶこととか、いろいろあるけれど、「主体的に」なんて言葉を使わずとも、腹が減ったら食べたいものを食べるように、心の赴くままに、好きなように生きて、その中で、「楽しい」と思えることを見つけていけばいいのです。焦る必要もありません。自分のペースでどうぞ。ただ、現実は楽しいことばかりではなく、イヤなことだってある。**でも、そのつど、逃げたり、再チャレンジしたり、その繰り返しが人生です。**

自分が独りでないことも知ってほしい。あなたには親がいる。あなたが生きていればお父さんお母さんは嬉しい。自分のためだけに生きているつもりでも、その生きていることが「誰かのため」にもなっているのです。そのお父さんお母さんの向こうにはおじいさんおばあさんがいる、さらにその向こうには……。そして、ここにあなたがいる。**ずっとつながっていることを思うと、今、生きていることがとても貴重に思えませんか。**

生きることを面倒くさいと思わないでください。その面倒くささの裏側には、あなたの気持ちを浮き立たせたり、驚かせたりする楽しいことがいっぱいあるんですよ。自分を磨いてくれるものや、自分を力づけてくれる言葉だとか。

あらためて、何のために生きるのか……敢えていえば未来のためでしょうか。自分の未来は想像できません。それはどんな色合いなのか、どんな味わいになっているのか。その未来のために今日の自分がある。そう考えると、1日1日を生きることがとても大事に思えませんか。

「未」という字は「木」が成長し始めたばかりの、まだ小さな「木」のことです。風雨にさらされながら、見えない大地の中に、少しずつ根を伸ばしていっている状態です。

そんな「未」でも時が経てば「大木」になります。

それが「本物」の「本」という字です。

「本物」も、元は「未完成」。

ゴ

【相談8】 競馬がやめられない（50代男性）

競馬の負けが混み、借金をしてしまいました。ほかにも賭け事が好きで、過度なギャンブルをやめるよう努力はしているのですが、大好きな競馬だけはどうしてもやめられる気がしません。

（トシさん・50代男性）

ギャンブルは借金してまでやるものではありません。

僕も競馬は大好きで、趣味として人にも勧めているくらいです。僕が競馬に求めているのはドラマやロマンです。芸人として売れる前に、競馬場で一生懸命に走る馬たちの姿にどんなに励まされたか。応援している馬やジョッキーが成長していく姿をずっと追っていると、「お前も頑張れよ」と自分を鼓舞された気持ちになりました。

競馬をやることが、その競馬界を支えることになるし、競馬で使うお金は税金として国庫に入るから、国の財政に貢献していることにもなる。しかも、応援した馬が勝った場合は、お金を増やすこともできる。何だ、この楽しくて素晴らしいシステムは！
自分の判断で馬券を買うので、判断ミスで負けることはあります。一方、研究に研究を重ね、それが当たって大金を手にすることもある。賭け事の高揚感も魅力です。全てをひっくるめて、僕は競馬の楽しさを満喫しています。

だけど、はっきり言わせてもらうなら、ギャンブルで借金している人は負け組です。本当に競馬を楽しんでいるのでしょうか。何百万円もの借金があって、「このレースで一発当てれば」と言うけれど、日々のこつこつ、自分が使える範囲のお金で地道に馬券を買ってこそ、当たれば一発で大金を獲得することができます。けれども、こつこつもなしに一発逆転狙いなら、もしも馬券が当たったとしても、借金の身では焼け石に水。更なる逆転を狙って、借金をさらに重ねることになるでしょう。

「よし、このレースに命を賭けるぞ」というセリフもよく耳にしますが、一生懸命の「懸命」という字は、「懸」の中に「心」という字が見えます。その「心」は「命」の前にある。命を賭ける前に、心を大事にしてほしい。家族に迷惑をかけるようなお金のかけ方は、勝負ごととしては大間違いです。

「競馬だけはやめられない」……。ならば、まず借金を返すこと。その上で使う金額を決め、本当の競馬の楽しさを味わってほしいのです。借金を返せば、「人生の流れ」が変わりますよ。

「命がけより心がけ」です。「かける」には賭ける、駆ける、欠ける、掛ける、懸ける——といった字があります。

月は必ず満ち欠けを繰り返します。月に一度は自然に、満月という満面の笑顔になります。

勝つ前から笑顔を絶やさなければ、笑う門には福来たる、です。

「短氣は損氣」「運氣は根氣」

ゴ

【相談9】芸人をやめるべきか（20代男性）

大学卒業後、お笑い芸人となりましたが、全く売れる兆しが見えません。両親にも心配をかけており、30歳を機にやめるべきか悩んでいます。夢をあきらめるべきでしょうか。

（匿名・20代男性）

自分で「30歳」と区切りをつけて、やめようと思うのなら、やめればいい。新たな別の人生があるはずだから、そこでやりがいを見つけていくのもいいでしょう。だけど、君に問いたい。大学を卒業してなぜお笑い芸人を目指したのか。その頃の初心をもう一回思い出しても、もうやる気にならないのか。20代ならこの世界に入ってまだ10年にもならない。今この段階で精一杯やったと言えますか？　精一杯やったと思えるのならあきらめがつくけれど、やらずにあきらめるのなら、ずっと後悔する気がします。

「親にも心配かけて」……。親は子どものことを一生、心配するもの。親ではなく、自分の人生のこととして考えてほしい。

30歳を区切りにしてるけど、それまで売れなくても、30を過ぎてブレイクする芸人はザラにいます。TIMは、僕が27歳、相方のレッドさんが29歳の時にお笑いを始めました。レッドさんなんてすぐに30歳になって、しかも下積み生活時代のさなかに子どもができたんですよ。だけど、僕たちは焦らなかったな。毎年、年末に「この1年どうだった？」と反省会をするんですよ。そして来年の目標を言い合って、紙に書いて、また次の年に頑張る。そしてまた1年……といった具合です。

ウケるウケないは、その時代の流れというのもあります。僕たちがお笑いを始めたときは、おしゃれなコントの中にシュールな笑いがある、といったものがウケていた。僕なんかは、まさに昭和そのものの芸人で、そんなおじさんがベタな一発ギャグをやる。最初はウケませんでしたね。

僕らがライブに出ている時、大人気だったのはネプチューン。お客さんの9割がネプチューン目当てで来ている。その中で、僕らがネタをやるでしょ。お客さんの反応はイマイチ。だけどそのうち、「あ、こういうグループもいる」と知ってくれて、TIMのお笑いのファンになってくれた人もいるのです。

シュールな笑いがウケた時期もあれば、ギャグや滑稽なものが人気だったり。今は、あれもこれもが混ざって、お笑いもバラエティに富んでいる。全部同じじゃつまらないし、いろいろな形のお笑いがあっていい。そうした中で、これまで売れなかったといっても、明日、売れるかもしれないのです。チャンスにつながる紐がどこにあるかはわからないけど、やり続けていないと、その紐は摑《つか》めないよね。

僕と同じ時期にお笑いを始めた仲間はたくさんいたけれど、みんなやめていきました。どこかで「区切り」をつける、というのも人生の選択です。ただ言えるのは、あたり前のことだけど、売れていく人は、やめなかった人なんだよね。そして、僕の場合で言えば、自分が何に心躍らせてそこを目指したのか、という初心に常に立ち返るわけです。やっぱり、「お笑いの世界で売れたい」という夢や目標を忘れずにいたから、やめようなんて思わなかったのです。

一度売れたとしても、そのあとの人生は長い。僕も１９９８年にお笑いで食えるようになって、それから23年。今は、若い芸人さんたちがばんばん活躍しているゴールデンの番組はもとより、テレビにあまり出ていない。でも、好きな競馬、ゴルフが仕事につながり、勉強してきた漢字や歴史をもとに、「ゴルゴ松本」として話をしてほしいとお声がかかる。お笑いを続けてきた中で、生きていける術は身につけられたし、今もずっと芸能の世界にいる。これまでの人生に悔いなし、ですね。

と、ここまでは僕の話で、君の悩みについてだけど、「あきらめたほうがいいですか」と相談してくる段階で、もうやめるほうに気持ちは向いているんじゃないかな。30歳まではあとわずかだろうけど、それまではやってみたらいいですよ。精一杯、悔いなく、「やり切った」と思えるようにね。

やり切る　出し切る
思い切る　使い切る
張り切る　区切る
振り切る　割り切る
乗り切る　切り替える
「切磋琢磨」が「大切」です!!

ゴ

【相談10】医療従事者として（30代女性）

医療従事者として、コロナ禍の中、死と隣り合わせの現場にいます。メンタルを保つのが難しく、毎日、くじけそうです。ポジティブに過ごすにはどうしたらいいでしょうか。

（ばつまるさん・30代女性）

日々、戦場に赴くような気持ちでしょう。大変だと思います。医療従事者ということで、お医者さんか看護師の方かはわかりませんが、私たちの想像以上にきびしい現場だと思います。

病気や怪我で傷ついた人を助ける「看護」の「看」はみる。「護」はまもる。護の字を構成しているごんべんは言葉。又は手。その上のふるとりという部首はやさしく包むこと。つまり、弱弱しい小鳥をしっかりみながら、手でやさしく包み、その温もりと言葉でまもってあげる……というのが「看護」です。

人の命を救うために、自らの命をかけている。けれど、最善を尽くしても、なくなる命はある。その繰り返しの日々で、満足できることなんかないですよね。強い心をもった人でないと、できない仕事だと思います。その心を支えているのは、この職業を選んだ時の、「命をまもりたい」という熱い思いでしょう。不安になった時は、その「初心に立ち返って」ほしいなと思います。


厳しい毎日がずっと続いているでしょうが、いつか終わりがくる。今が踏ん張りどころの医療の現場ですが、この時期を克服すれば、未来の医療につながっていきます。「あのときは大変だった」「だけど、こうやって乗り越えた」と、その経験を20年後、30年後の医療従事者に伝えられる。これから生まれる子どもたちも、歴史で学ぶでしょう。

あなた自身についてもそうです。「今」は必ず過去になります。苦しくとも、今あなたがしていること、日々何をし、何を見て、何を考えたか、それは未来のあなたにつながります。何年か先、大変な日々を乗り越えた自分に会ってほしい。そこには、医療従事者として成長した自分がきっといるはずです。

趣味は何ですか？　日々の生活では、仕事を離れ、趣味に没頭する時間を1時間でもつくってほしいけど、今の状況では無理でしょうか。でも、息抜きはしてください。息を抜くことは、生き抜くこと。お茶やコーヒーを飲み、ふぅっと息を抜いて一服する時間を大事にしましょう。そうして、またしっかりと息を吸い、いきいきと仕事に取り組んでほしい。

ポジティブになるには……お笑い番組を見てください！　**テレビやネットで、わずかな時間でも見て、笑ってください。笑えば元気になります。**自分が元気でなければ、患者さんを元気にはできないですから。どんなに疲れていても、鏡に向かった時は、にっこりと笑いましょう。その笑顔が、まわりの人たちだけでなく、あなた自身を元気づけてもくれます。

やる氣!!　元氣!!　勇氣!!　心意氣!!

そこからの「空氣を換氣」が一番大切!!

「深呼吸は心呼吸」

ゴ

【相談11】子どもができない（30代女性）

結婚して5年、子どもができません。妊活を始めるも成果が出ず、夫は理解を示してくれておりますが、私は夫の両親から無言のプレッシャーをかけられているように感じてしまい、つらいです。

（Cさん・30代女性）

こういう問題は、女性のほうがキツいでしょうね。結婚したら子どもができるのは当たり前のような感覚の人もいて、「お子さんは？」「あら、まだなの？」と聞いてきたり。決して悪気があるわけじゃないけれど。

世の中にはお子さんに恵まれない夫婦はたくさんいます。うちも子どもはいません。原因は僕にあり、40歳手前の頃、病院で調べてみたら、精子が極端に少ないとのこと。不妊治療もやったけれど、だめでした。僕は子どもが大好きだし、人の子どもも可愛がります。子どもができることは期待していたし、妻にも、お母さんにならせてあげたかった。だけど、かなわなかったんです。僕は子どもを授からない運命だとあきらめました。妻には、「申し訳ない」「生まれ変わったら、俺と一緒にならないでほしい」と思ったこともありました。

今は、妻も僕も割り切っています。子どもがいないなら、いないなりの人生の楽しみ方をすればいい。実際、妻は趣味に情熱を注いでいますし、僕たち夫婦は、時には喧嘩をしながらも仲良くやっています。

僕の場合、ＤＮＡを受け継いだ命は存在しないものの、『「命」の授業』で僕の精神や考えが伝われば、それは命が伝わることになるのかなと思っています。少年院を訪問する時も、そこにいるのは僕の子どもではないけれど、大人として、男として、おじさんとして、彼らの心に一つでもタネを植え付けられて、そこから何かが芽生えてくれればいいかな、という思いが常にあります。

僕のところに子どもはいないけど、相方のレッドさんには5人の子どもがいる。いろいろな夫婦、家族の形があるんですよね。

あなたの場合は、まだ30代でしょう。40代で妊娠・出産した人もたくさんいるし、妊娠の可能性はまだまだありますよ。

「親からのプレッシャーがつらい」とあるけど、これは夫婦の問題。親は関係ありません。〝命〟はおもちゃではないので、将来のことまで考えながら、自分たちがどうしたいか、夫婦でよく相談することです。

このまま自然に妊娠するのを待つのか、それとも、積極的に不妊治療をするのか……。不妊治療はお金もかかるし、病院に何度も通い、「またダメだったら、どうしよう」と、それがストレスになる場合もある。だけど、どうしてもと望むなら、それも一つの方法です。やるのなら、どこまでやるか、そういうことも含めて、夫婦でたくさん話し合いましょうね。まだまだあきらめないで。

「結婚」「結束」「結果」
「起承転結」「エッチ団結」
結ばれて産《む》す、生《む》す
むすめ、むすこ

ゴ

第三章　「命」の授業　不安な時代を生き抜くために

読書で土台となる根っこを育てる

今の時代、パソコンやスマホで瞬時に情報を得られます。わからないこともすぐに調べられる。とても便利で、僕も活用しています。だけど、それだけではなくて、僕はもっと本を読んでほしいと思います。断片的な情報を切り取るのとはまた違う、1冊を丸ごと通して読む楽しみを味わってほしいのです。

本は、自分とは違う生まれ・育ちの人が過去に書いたもの。その本を書いた人は、その前に誰かが書いた本を読んで研究し、自分の考えをまとめて本にしている。さらに、その誰かが書いたその本も、書いた人はその前に誰かの本を読んでいて……といった具合につながっていて、その一つひとつの過程で新たな考察が加えられながら、今あるこの1冊になっている。だから勉強になるのです。

本には、自分のこれからの人生に役立たせることのできる方法がたくさん書かれています。そこから手に入れた情報や知識は、僕たちが生きていくためのヒントとなります。過去に書かれたものが未来に生きる、それが本です。

「木」に横棒（一）が1本加わった「本」という漢字には、「根っこ」という意味があります。木は土に根を張って栄養を吸収し、育っていく。人間も本を読むことで知識を得て、興味を膨らませ、成長する。

根本、基本、手本、見本、本質……生きる上で大事な、土台となるものです。

もちろん、すべての本が役立つものだとは限りません。けれど、たくさん読むうちに、本物と偽物の違いはわかってきます。

本を読むの「読」はごんべんに売ると書きますが、もともとの漢字は「讀」です。「讀む」には、「見抜く」という意味があります。つまり、本をたくさん読めば読むほど、何を伝えようとしているのか、何を言おうとしているのか、その本質を見抜く力がつく

木＋一＝本

のです。

僕は本を読む時、「いいな」と思ったところ、気になったり疑問に思った箇所には線を引き、その時々で感じたこと、ひらめいたことをどんどん余白に書き込みます。本は汚したくないという人もいるけれど、僕の本はどれも相当にくたびれた状態になっています。

読んできた本を見返すと、それを手にしていた当時の自分の心の声や知りたかったことに出会えて、それも面白いのです。

ある本の余白に書き出したことに対し、別の本を読んでいて、「なるほど」「あ、あれはそういうことか」と気づくことがあります。本への書き込みは、いわばデータ。そのデータが、本と本を介し、パズルのようにピタリ僕の中でつながる。この時の嬉しさといったら。これも本を読む醍醐味です。

スマホの代わりに本を持ち、指でページをめくりながら味わう読書の楽しさ、1冊の本を読み終えたあとの達成感、知識を得る喜びを体感してみてください。

未来、将来、本来の自分に出会うため本を読む!!

本物は誰だ!?

ゴ

読書で未来を掘り進める

読書は文字が多いし、疲れるから苦手だ、という人も多いようです。そういう時は、「究」という漢字を思い浮かべ、本を手にとってみてください。

何かを究（きわ）めるの「究」。この字は「穴」と「九」という字からできています。九という字は、四つんばいになった人に見えます。つまり「究」は、人が穴の中で四つんばいになって何かを探している姿です。

人生も同じ。先の見えない中を前に進まなくてはいけないことがあります。途中、あきらめそうになるかもしれません。けれど、気長に、真っ暗な中でもずっと探っていけば、何かに触れる瞬間が必ずあります。その時、真理が、その先の生きる道が明らかになるのです。

本を読むことは面倒だと思っていても、読み進むうちに、先人たちの気づきや知恵が自分の心に響くことがきっとあります。

今なら、何かに導いてくれるヒントはYouTubeなどの動画から、なのかもしれません。もちろん動画もいいのですが、本には落ち着いて想像や考えを巡らせることができるよさがあります。

まず、読みやすい本から始めましょう。文章を読むのが苦手なら、漫画から入ってもいい。歴史を描いたコミックスもたくさんあります。小説でもいいし、実用書でもいい。まず読む習慣をつけること。そうして何かに関心をもち、「このことをもっと知りたい」「今度は、こういうことも追究したい」と興味がどんどんわき、知ることの楽しさを感じるようになると、手にとる本の数も次第に増えていくでしょう。

穴＋九＝究

僕は、自宅にある自分の本棚の前に立つと、「ここから学んだ知識、この中にある言葉が今の俺をつくってくれているんだ」と気が引き締まります。歴史や漢字の本をたくさん読んだことが、僕の『「命」の授業』にもつながっているし、何かを考え、決定する時の道標《みちしるべ》ともなることがあります。小説の内容がコントの参考になったこともありました。

みなさんも、少しずつ読む本を増やし、自分なりの本棚をつくってみてください。そこにある言葉があなたを支えてくれることが、きっとあるはずです。

どうぞ、たくさん本を読み、研究し、自分の未来を掘り進めていってください。

究極をもとめて日々研究!!
試験、実験、体験、経験!!

ゴ

苦しいこと、つらいことを希望に変える

十

少年院で講演をする時、僕はよくお母さんの話をします。

「君たちは、十月十日《とつきとうか》、お母さんのおなかの中で大切に守られ、生まれてきたんだ」

だから、お母さんに感謝してほしいし、その命を未来の自分のために一生懸命につかってほしいと思うのです。

ただ、ここにきて思うのは、児童虐待の問題もあり、「母に感謝を」「親を大切に」とばかり言えないこと。親がいることで苦しんでいる子どもたちがいるのも事実です。

それでも、この世に生を受けたことは、とても意味のあることです。

この、お母さんのおなかの中にいる十月十日の「十」という漢字について考えてみます。

「－（マイナス）」に「｜（縦線）」が入って「＋（プラス）」。これは人生と同じです。いいこともあれば、悪いこともある。でも、つらいことがあっても（－）、ずっとそのままじゃない。楽しい未来に変えることはできる（＋）。だから、今、厳しい現実や困難な状況に直面している人も、明日への希望を失わずに進んでいこう……。

けれど、生きているのがイヤになるほど追い詰められたらどうする？

そんな時は、自分の両手を広げてみてください。両手の指を、自分の大切な人、会いたい人の顔を思い浮かべながら、1本ずつ折り曲げていくのです。自分がいなくなったら、この人はどう思う？　どんなに悲しむだろうか。

最後の十人目を数える頃には、少し気持ちも変わっているかもしれません。

それでも、もう死んでしまいたい、そう思う人に僕はこう提案します。死ぬ前に「十人」のお手伝いをしてください。きょうだい、近所の人、誰でもいい。困っている人を助けるのです。手伝い、手助け。「手」から人は何かを発信していると僕は考えています。手伝ったり、手助けを通して感じとれる何かがあるはず。

この時には会話もあるでしょう。相手から帰ってくる「ありがとう」「助かったよ」。そうした言葉のやりとりを通し、プラスの感情が生まれるかもしれません。悪いほう、悪いほうへと思いを向けていた自分が、ふと、とどまる瞬間。この一瞬が大事なのです。マイナスの横軸に縦軸が交わって、それが十というプラスになる。

僕は「十」をそんなふうに解釈し、とても大事な漢字だと受け止めています。


中島みゆきさんの『糸』という名曲があります。僕はこの歌をテレビの歌番組で初めて聴いた時、衝撃を受けました。縦の糸と横の糸が織りなす世界を慈しみや幸福と結びつけるその歌詞に、「あ、自分と同じ感覚だ」と感じたのです。僕がすごいとか、そういうことを言いたいのではありません。題材がそれだけのエネルギーを放っているということ、そして、それを素晴らしい曲に創り上げる中島みゆきさんに感動したのです。

思えば、西洋ではキリスト教徒が「アーメン」と十字を切ります。その昔、十字架は磔刑《たっけい》の道具でしたが、その後、苦難からの解放をあらわし、のち、信仰の象徴となったと言われます。

「十」はシンプルな文字ですが、とても深い、いろいろな意味があります。

生きるのがつらくなった時、死にたくなった時、「十人の顔を思い浮かべる」「十人を助ける」とお話ししました。今度は未来の話。ここでも「十」です。

「十年後」を見つめましょう。今の年齢から十年後、自分はどうなっているか、どうありたいかを考えるのです。

若い人だったら、十年後、どんな大人になっていたいか。みんなから信頼され、仕事もバリバリやっている自分、でもいい。今、いじめにあっている子は、十年後、絶対に笑顔の毎日で幸せになっているぞ、とか。還暦を過ぎた人なら、十年後、どんなおじいさんおばあさんになっていたいか……。

二十年後、三十年後だと先のことすぎて漠然としていますが、十年後なら想像しやすいでしょう？「こうありたい」「なりたい自分」をイメージすると、今の自分のスタンス、気持ちのありようが変わってきます。そのためには今日から何をすればいいか——。十年後の自分に向けて準備開始、ここからスタートができるのです。

僕は40代が近づいてきた時、自分の十年後、50代になった時のことを考えました。50代といえば、社会的にも責任ある立場の大人です。若い人のお手本にもならなければいけない。はたして自分はそういう50代になれているだろうか。人間として成長しているだろうか。まだまだ自分には足りないものがある。

そこで、「よし、勉強しよう」と、30代の終わり頃から本をたくさん読むようになりました。それこそ時間を惜しむように、次から次へと。

40代後半頃から状況が少しずつ変わっていきました。本から得た知識を後輩たちに喋っていたのが、今度は少年院で話すことになり、さらには全国各地での講演へとつながっていったのです。

立派な大人になったかどうかはともかく、たくさん本を読んで勉強して、それを若い人たちに伝えて……と、結果として、40代を前にイメージした自分の50代の姿に、少しは近づけた気がしています。
そして今、54歳の僕は、60代、70代と、自分はどんな初老のじいさんになってやろうかと、わくわくしながら考えているところです。

目指せ、面白いくそじじい!!

ゴ

変わることをおそれない

少しずつおさまりの兆《きざ》しを見せている新型コロナウイルス感染症ですが、その猛威は、私たちの生活に大きな影響を与えました。外出自粛で、子どもたちは休校が続き、学校行事はいくつも取りやめに。東京オリンピック・パラリンピックは1年延期ののち開催となったものの、さまざまなスポーツ大会が中止や延期となりました。音楽、お芝居、そしてお笑いなどのエンターテインメントの舞台やイベントも然《しか》り。

飲食店も、営業時間の制限など厳しい条件下で閉店せざるを得なくなったところが続出。海外旅行はもとより、国内での移動もままならず、会いたい人にずっと会えずにいる、といった切ない声もよく聞きました。会社ではリモートワーク化が進み、一方で、仕事を失った人もいます。

コロナ禍で世の中は大きく変わりました。それにより、苦しい思いをしている人、悔しさを抱えている人もたくさんいます。こういう時は、「変」という漢字を思い出してほしい。**新たな目標に向けて、自分の心を変えることを考えてほしいのです。心を変える――気持ちを切り替えることです。**

2020年、高校野球は新型コロナのために、春、夏ともに甲子園での全国大会が中止になりました。かつて高校球児だった僕は、甲子園を目指していた選手たちのことを思いました。ひたすら野球に打ち込んで最終学年を迎えた3年生の選手たちは、目標にしていた大会が中止になり、さぞかし落胆したことでしょう。

僕の場合は、埼玉県熊谷商3年の時、春の選抜大会に出場できましたが、夏は県大会のベスト8で敗退。夢を絶たれ、試合直後は放心状態になりました。けれど、すぐに気持ちを切り替えたのです。「野球は終わった。今度は、秋に向けて学校の文化祭や体育祭を盛り上げるぞ」と。それからは全力で学生生活を楽しみました。そして、さらにその後は、野球とは全く違う芸能界へと目指す方向を変え、今に至るのです。

目標を失うこと、続けてきたことを断ち切られるのは本当につらい。けれども、悩んで落ち込んでいるだけでは何も始まりません。とにかく動いてみよう。何かやってみよう。

たとえば、仕事を失った人は、選り好みをしなければ必ず働く場所はあります。これまでと同じ給料をもらえるという保証はない。仕事のジャンル、内容も全く違う。でも、まず働いてみる。それが大事なのです。

「○○でないとイヤだ」「これだけは崩さない」、そんなふうにこだわるのはやめませんか。「こだわる」は「拘束」の「拘」。縛られている状態で、身動きがとれません。「こだわる」は「とら（因）われる」ことでもあり、抜け出せない状態です。

同じ意味で、「執着」という言葉があります。仏教ではこれを「しゅうじゃく」と読み、こだわり、とらわれ、しがみつくことが、悩みや苦しみにつながるとされています。

自分が何にとらわれているか考えてみます。そして、そのこだわりを捨ててみる。何かを捨てると、何かを得られる……。「変心」は自分が生まれ変わる「変身」でもあります。変化を恐れず、生き方を変えたり、新しいことに挑戦してみるのです。そこから未来につながる新たな人生の一歩が始まります。

そうそう、僕はコロナで在宅が多くなったのを機に、奮起して家で筋トレを始めました。54歳の中年おやじですが、少しずつ筋肉がつき、体つきが変わってきました。ささやかな変化ではありますが、新たな自分に出会えるのは実に嬉しいものです。

目指せ、六十でブルース・リー!!

ゴ

神様に祈る

僕には、毎朝やっているルーティーンがあります。家の中にちょっとした祈りや願いの場所を設けていて、起きたらそこで手を合わせているのです。必ず、「ありがとうございます」の言葉を添えて。

何か特定の宗教というのではありませんが、僕は神様の存在を信じています。神様とは祈りの対象であり、私たちを常に見守ってくれている大いなるもの、とでも言えばいいでしょうか。人それぞれに神様はあって、お笑いの神様もいれば、歌の神様もいる。それぞれの職業やスポーツだとか、全てに神様は存在します。パティシエの神様、ラーメンの神様だっています。そうして、一生懸命に頑張っているかどうかを見ているのです。

その神様と天と地、そして宇宙に対し、僕は毎朝、今日も生かされていることに感謝し、あわせて願いや祈りの言葉を伝えるのです。

願いや祈りは、自分のごく身近なことから世界平和までいろいろで、その時々に心に浮かんだ言葉を口にします。夫婦喧嘩をした時は、僕はもともとカッとしやすい性格なので、「穏やかに」「にこやかに」「爽やかに」と。災害が続いた時は、「被害が最小限にすみますように」、集中豪雨では、「水を分散させてください」など。もちろん「コロナが収束しますように」とも。

「祈る」ことは、「いのる」→「神意（しんい）に乗（の）る」→「神の意志に乗る」こと、つまり神様とつながって生きることと僕は解釈しています。祈る対象があると、自分中心になりがちな考えを軌道修正してくれる。だから、朝から夫婦喧嘩をしていても、「落ち着け」と自分に言い聞かせられます。と同時に、もっと広く、自分以外の人たちの安寧や平和についても思いを及ぼすことができます。

祈る時は手を合わせます。これは神様と自分が向き合っている時間。私たち日本人は食事の時、「いただきます」「ごちそうさま」と言って手を合わせます。感謝の時の「ありがとう」、あやまる時の「ごめんなさい」もそう。日本人は昔から神様への祈りをごく自然に生活の中に取り入れてきたのですね。

右手と左手それぞれの意味については、たとえば「水極まりて」「火足りて」からきた言葉で水と火、あるいは陰と陽とも言われますが、いずれにしても、合わせることでバランスがとれたり、パワーが生まれます。

もともと「手」が触れるのは、とてもいいことです。「手を差し伸べる」「手助けする」「手当てする」……。僕が幼い頃、転んでケガをするとおじいちゃんおばあちゃんが「痛くない、痛くない」とさすってくれ、それだけで痛みが薄れる気がしました。触れるその手のぬくもりを通してパワーが伝わったのでしょうか。

手を合わせるというのは、左手が右手を、右手が左手を助け、手当てしているようなものです。実際に200回くらい手もみをすると、手のひらが温かく熱をもち、それが

手の裏、さらに全身へと伝わり、ぬくもりや陰と陽のバランスがとれることで体の調子が整うとも言われます。

手を合わせて祈る時間を、毎日の暮らしの中でもちたいですね。自宅の仏壇や神棚の前で手を合わせるのが習慣になっている、という人もいるでしょう。でも、仏壇や神棚がなくても大丈夫です。場所はどこでもいい。宗教とは関係なく、手を合わせて神様を感じる時間があれば、それでいいのです。たとえば、朝起きて窓を開けた時、空に向かって手を合わせながら一日の始まりの挨拶をするとか。

そして、お父さんお母さんは、ごはんを食べる時、子どもたちに、「『いただきます』をしましょうね」「はい、ごちそうさま」とぜひ声をかけてほしいのです。毎日のこの習慣だけでも、神様を感じる清々《すがすが》しい時間が生まれます。

幸せなら手を叩こう!!
手を叩いて幸せになろう!!

ゴ

心の音を聞いてみよう

あなたは自分の考えたこと、こうしたいなと思ったことを意識して言っていますか？意識の「意」は、「心」の「音」と書きます。「識」はわかるようにしたしるし。心の音、つまり言葉をわかるような形にするのが意識。

自分の本当の心の音をよく聞いて、声に出してみる。口に出したこと、つまり「音」が「言（こと）」になり、自分の未来の出来「事（ごと）」になるのです。

心を見えるようにしたもの、聞こえるようにしたものが言葉です。そして日本人は遠い昔から、言葉には魂が宿っている、言霊《ことだま》なのだと言い伝えてきました。言霊の「霊」の語源は、祈りや願いの力をもっている巫女《みこ》さんが天に雨乞をするというもの。言葉で祈りを伝えると、雨が降ったのです。

人を励ます、力づける、慰める、道を示す……。僕もたくさんの言葉に勇気を与えてもらいました。

その一方で、感情的になったり、悪意がこもると、言葉は凶器ともなります。「言の葉」が「言の刃《は》」となって相手を傷つけてしまうこともあるのです。

そういうネガティブな部分もあるけれど、僕は言葉のポジティブなパワーを信じています。悪口やグチは言わない。それよりも前向きで元気な言葉を人に、そして自分にも伝えたい。

子どもの頃、本を読んで気になった言葉は、ノートに書き出していました。お笑いを始めた当初、舞台で全くウケず、肩を落として家に帰った日もノートに書きました。「次は絶対にウケてやる」「大爆笑をとってやる」「いつか売れるぞ！」。自分の意志、心の音を言葉として吐き出し、それを文字にして自分の目に焼き付けていたのです。書いたことが実現するように頑張ろうと。

嬉しいことも書きました。「今日はウケて楽しかった」「よし、次もその調子だ！」。やる気がみなぎります。いつも短い言葉の殴り書きですが、それで充分です。

「こうするぞ」「ああしたい」と叩きつけるようにノートに書かれた言葉。それは、さしずめ神社に願いを書いて奉納する絵馬。そう、僕は毎日、絵馬を書いているようなものだったのですね。

自分を力づける言葉や目標を口に出して言いましょう。文字にして書きましょう。繰り返すことで言霊が宿ります。もし、それが実現しなくても、次なる前向きな言葉を見つけられるはずです。

子どものいじめは全力で助ける

新型コロナウイルスの影響で、小学校・中学校がしばらく休校になった時期がありました。学校が再開した時、クラスメートたちとまた一緒に勉強できると喜ぶ子どもたちがいる一方で、学校が始まるのを暗い顔で迎えた子どもがいます。いじめでつらい思いをしている子たちです。

いじめは、ストーカー行為プラス暴力だと僕は思っています。しつこく、しつこく繰り返され、対象になる子を徹底的に傷つける。これは犯罪です。ストーカーには、近づいたり、つきまとうことを禁止したストーカー規制法というものがあります。いじめも、いじめられた子がもっと守られるような施策が考えられてもいいと思います。

本来なら、いじめる側の子が引っ越したり、転校してどこかへ行き、いじめを受けている子が平穏な生活を取り戻せるようにすべきです。けれど、実際にはなかなかそうはならない。それに、いじめられている子は、心配をかけまいとするのか、親に黙っていることが多いようなのです。

子どものいじめに対し、どう対応すればいいのか、親の立場で考えてみます。

学校で起こっていることを、なかなか言おうとしないわが子。だからこそ、顔色、表情だとか、ちょっとした変化を見逃さないようにしたい。そのためにも、日頃から子どものことをよく見ていることが大事です。朝、学校に行く時、暗い顔をしていないか、笑顔が減っていないか……。そして、毎日、どんなことでもいいから会話を交わします。親は、忙しい、仕事や家事で疲れているから、といった言い訳は禁物です。

「元気なさそうだけど、熱でもあるの？」

「具合でも悪いのかな。何かあった？」

「学校でいじめとか、ないかな」

もしも、子どもがいじめにあっていることを知ったら、親は絶対的に子どもの味方、全力で助けます。学校に相談する。学校がきちんとした対応をしてくれなければ、保護者会で問題にする、さらには教育委員会に訴える、というふうに、あらゆる手段を講じながら、現状を変えるための努力をしてほしいと思います。それでもなお問題が解決しなければ、知り合いの有力者、地元の議員さんなどなど、理解してくれる人をどんどん巻き込んでいい。いじめで死を選ぶ子どもがいます。心を病む子がいます。そうなってからでは遅いのです。

ただ、子どもの気持ちもあります。その声にしっかり耳を傾けてほしい。「学校にかけ合うけど、いいね」と告げて、子どもが「学校に行くのはつらい」と言うのであれば、その思いを尊重すべきです。今の環境に縛られる必要はありません。僕なら、**「そんな学校は行かなくていい」「やめちまえ」「引っ越そう」と言います。つまり、こういう時は逃げるのです。**

なぜ間違ってないほうが逃げなきゃいけないのか？ 先ほど言ったように、本当はいじめをした側がどこかに行くべきです。そのために全力で戦うことはとても大事です。と同時に、逃げる勇気も必要です。

「逃げる」は「逃（のが）れる」こと。「兆（きざし）」という字があります。よくないことが起こりそうだ。このままじゃいけない……。災害でも、人災でも、自分の命が危険にさらされそうだと思ったら、身を守るために走って逃げる。逃げて、逃げて、逃げ切る。それでいいのです。これは「負け」ではありません。いや、敗者にならないために、逃げるのです。

環境を変え、笑顔で暮らせる場所を見つけてほしい。転校してもいいし、今の時代、フリースクールやNPO法人やボランティア団体が運営する教育機関など、選択肢はいろいろあります。心機一転、新たな環境で勉強し、自分を磨いていれば、その後の人生でいくらでも大逆転できる。**逃げるが勝ち、逃げるが価値**。そう、**逃げて、生きて、勝つのです。**

笑

人生のス「マイル」ポイントをためよう

鏡を見てください。自分の顔がいつのまにか険しくなっていませんか。イヤなことばかりに目が向いたり、人を嫌ったり、憎んだりすると、それは顔つきにも現れます。

ちなみに、鏡をカタカナにすると「カガミ」。真ん中にある「ガ」は「我」、自分のこと。カミ（神）にはさまれているワタシ。鏡の中の顔は、神様に映し出してもらっている自分の姿。険しい表情は、自分の心が狭くなっている証拠です。

周囲を見渡してみましょう。クラスや職場の人気者は、よく笑っていて、それも自然な笑顔が素敵な人ではありませんか？　人は、笑顔に自然と引き寄せられます。

笑顔の最初の文字は「え」。人とのつながりや付き合いをあらわす言葉、「縁」「円」

「宴」などの漢字の音読みは「え」で始まります。だから、まずは笑顔から。

2021年4月、アメリカで行われた男子ゴルフの「マスターズ・トーナメント」で松山英樹《まつやまひでき》選手が優勝。日本人選手として、初のメジャー制覇を遂げました。試合中、松山選手はミスをしても笑顔を忘れませんでした。その中継をドキドキしながら見ていた僕は、笑顔は、人だけでなく、成功も引き寄せる力があるのだと感じました。

2019年、「AIG全英女子オープン」で、樋口久子《ひぐちひさこ》さん以来、42年ぶりとなる海外メジャー優勝を果たした渋野日向子《しぶのひなこ》選手も、〝スマイル・シンデレラ〟と呼ばれましたね。

笑いは、人が幸せな時に起こります。楽しい時に人は笑顔になります。どんなことでもいい。笑顔になれる「時間」を増やしましょう。自然な笑顔をつくるのが難しければ、鏡の前で笑顔の練習。それを習慣にします。毎日、少しずつ続けていけば、自然と気分も前向きに。そうしてスマイルが増えていくと、人生のス「マイル」もたまり、日々の生活がさらに楽しくなるはずです。「笑う門には福来たる」は、まさにその通りなのです。

今、学校や職場、家庭で、つらい状況、厳しい環境にあり、笑うことがなくなってしまった人は、笑顔で暮らせる場所をぜひとも見つけてほしいと思います。

素直な素顔で素敵な素晴らしい笑顔。
㊜マイルをためて旅行に行くぞー。

ゴ

人との関係に意思表示

職場での対応、友だちとの付き合い方、ご近所さんとのかかわり、などなど、人間関係の悩みは大きなストレスになります。

僕はといえば、「嫌いな相手とは付き合わない」と、シンプルかつ明快なモットーのもとで生きていますが、実際は、そうは割り切れない人のほうが多いのでしょう。

たとえば、こういう男子学生の悩み。

ＳＮＳのグループＬＩＮＥでやりとりをしている仲間がいるけど、トークや返信が苦手で、煩わしい時がある。遊びで集まる約束も、「面倒だな」と思ったり。今は、仲間はずれにされるのが怖くて参加しているけれど……。

ある新人の会社員はこんなグチをこぼしていました。

終業後、職場の先輩や同僚からの「飲みに行こう」の誘いが憂鬱。仕事が終わったあとまで会社の人間と一緒にいたくはない。だけど、「つきあいの悪いやつ」と思われるのもイヤだし……。

気持ちはわかります。でも、こういう時は「断」という漢字を思い浮かべてください。そう、キッパリ「断る」のです。「断」の旧字体は「斷」と書き、つながる糸を斧で切り離す様子をあらわしています。自分の意見をしっかりと伝え、実行する。「判断」して「決断」する勇気が自分の人生をつくっていくのです。

仲間はずれにされるかどうか、必要以上に心配することはありません。LINEのトークが面倒になれば「今日はこれで終わりにする」「ごめん、もう寝る」と切り出せばいいだけの話。「あいつ、すぐ寝るよな」と言われても気にしない。マイペースなキャラクターだと思われたら、それでよし。

本当の友だちならば、それくらいのことで関係は壊れないでしょう。もしも仲間はずれにされるようなら、それはそれでいいではないですか。ダラダラと付き合うよりも、むしろスッキリします。

友だちはたくさんいなくてもいい。数を競うものではありません。それに毎日、話す必要もないし、しょっちゅう一緒に遊ばなければいけないものでもない。何か話したいことがある時に、話せる、聞いてもらえる、そういう相手がいることが大事で、それはおじいちゃんおばあちゃんや知り合いのおじさんおばさん、それこそ鉢植えの植物でもいいと僕は思っています。うちなど、妻も僕もそれぞれに飼っている犬に思いを語りかけ、これが家庭の平和維持にも役立っています。

会社での飲み会の誘いを、「付き合いも仕事のうち」と言っていたのは昔の話。これも、「僕は失礼します」と、断ってよし。ただし、会社では自分の仕事はきっちりこなす。出社時、退社時はもちろん、挨拶はきちんとする。誘いを断る時も、「すみませんが……」「申し訳ありませんが……」と丁寧に。そうしたことはしっかりとやっておきましょう。やるべきことをやっているの

なら、そうそう文句は言われません。

そのうち、「あいつは飲み会、いつもパスだから」と、誘いの声がかからないようになると、むしろ楽になりますよ。

その時の判断で、マイペース

ゴ

窓　身後始末

たかが掃除、されど掃除

家にいる時、僕はよく掃除をします。掃除機をかけ、窓枠やサッシの溝は取り替えたあとの古い歯ブラシを使ってきれいに。そして、布団を干して……。

掃除では、必ず窓を開けます。窓には「心」という字が入っています、そう、窓は心なのです。「公」の「心」と書きますが、開けるのは公に向けて。閉じるのは私に向けて。

窓を開けて換気をすることは、心を外に向けて開放すると同時に、新鮮な空気や光を自分の中にしっかり取り込むこと。心身ともに、すがすがしい気持ちになります。イヤなことがあっても、その気分も入れ替えてリセットしてくれるような。これは掃除の時に限らず、毎日の習慣にしたいもの。5分でも10分でもいい。花粉症やウイルス対策にもなります。

日頃の掃除のほかに、時間がある時は大掃除もしましょう。あらためて部屋のすみずみまでチェックしつつ、日頃、おろそかになっている場所もしっかりきれいにします。書籍類はジャンル別に並べ、書類やチラシはファイルに入れて分類。机の上に散らばっている文具も所定の位置に。部屋の整理整頓は心も整えます。

掃除で処分するごみ。自分が出したごみは、自身が日々どういう過ごし方をしているかをあらわしています。ごみは「ご身（み）」とも言えます。そして、ごみの「み」は、未来の「み」でもあるのです。自分の生活を振り返り、未来を「実（みの）り」あるものにしていくためにも、大掃除はとてもいい機会なのです。

「ごみ」と「かみ」は言葉が似ていて、僕は「神」と捉えています。ごみだからとポイと捨てるのではなく、神様のように扱いたい。着なくなった服は誰かに譲り、古くなった靴下や下着は床を拭くのに使います。紙もリサイクルに出せば、再生紙として生まれ変わります。

家を片付ける——「後片付け」は「後始末」です。これまでのことを処理し、「始」と「末」という字があるように、新たにことを始めながら末広がりを目指すもの。つまり、掃除、片付けは、未来に向かう前向きな作業なのです。それができないのを「不始末」と言います。

整理整頓して片付けて……。掃除で環境が変わると、心のありようまでが変わります。

今度の休日は大掃除デーにしませんか。

日本という国

憂優難和

ある講演会を終えたあと、60代くらいのご婦人が僕にこう話しかけてきました。

「今の日本が心配です。この国はこれからどうなっていくのでしょう」

少子高齢化、老老介護、経済不安、災害、ニュースを見れば殺伐とした事件の相次ぐ報道、加えてコロナ禍、そして、人と人とのつながりの希薄さ、こうした日本の状況を憂《うれ》いてのことのようでした。

大丈夫。そこまで憂えることはありません。たしかに抱える問題はたくさんあるけれど、日本は原爆を2個落とされて乗り越えた国です。敗戦から立ち上がってきた国です。

僕は歴史の本をたくさん読んできましたが、さまざまな困難、いろいろな時代を乗り越えてきているDNAが日本人にはある。だから憂いは無用です。

憂いと言えば……。

「日本を漢字一文字で書きあらわすとすれば？」と、聞かれたことがあります。「優」ではどうでしょう。にんべんに「憂」。「人」の「憂い」に寄り添う。僕は、日本は優しさにあふれた国だと思っています。人の心をおもんばかり、人に親切にし、困った人には手を差し伸べる。

２０２０東京オリンピック・パラリンピックはコロナ禍のために1年延期で２０２１年の開催となりましたが、〝おもてなし〟の精神で海外の選手たちを迎え、その日本人の細やかな気配りと優しさに感激する声がＳＮＳ上でもあふれました。優しさに秀でているから「優秀」。誇っていいことだと思います。

日本はその昔から稲作、農業を中心にやってきた国です。大地と向きあいながら、その恵みをいただくとともに、台風、干ばつ、雷といった災害にもさらされてきました。いい時ばかりではなく、悪い時もある。だから神様というものを崇《あが》め、畏《おそ》れもする。畏敬の念を抱くのを忘れない。そして、自然を前に、厳しい状況に直面した時、人と人は寄り添う。それが優しさです。

人は、安全、安心、安定を願います。憂いのないこと、難がないこと、「無難」です。けれど、日本は古代より災害に見舞われ続けてきました。台風のほかにも、地震、津波、洪水など。これは「災難」です。何としてでも避けたい。だけど、避けられない。

災難はないに越したことはないけれど、何度も経験したからこその「備えあれば憂いなし」。備えがあれば、災難の被害も少なくとどめることができる。何とか命をつなげることができる。災難から、日本人は学んできました。

災難を避けられなくて大変な目にあった時、困っている時、まわりの人たちが手を差し伸べ、助けてくれます。寄り添ってくれる優しさがある。そして、平穏な日々がいかに「有り難い」ものであるかを実感します。そこに感謝の気持ちも生まれます。

「苦難」「困難」も同様です。オリンピック・パラリンピックでは、メダリストになった選手がよく「感謝します」と口にしていました。ケガをしたり、記録が伸びなかったり、つらく苦しい時に、まわりの人たちにサポートしてもらい、その苦難を乗り越えたから感謝の気持ちが芽生えるのです。

人間にとって、大きな憂いとなるものは戦争です。日本は１９４５年に戦争に負け、毎年8月15日は終戦記念日。僕たち日本人が、平和を未来に伝えていくために胸に刻みつけておきたいのが「和」という漢字です。

聖徳太子の十七条憲法には、「和をもって貴《とうと》しとなす」とあります。このような日本人にとっての規範が、約１４００年も前に定められていたのは驚きです。

自分たちの周囲には、考え方が違う人、気の合わない人もいるでしょう。それでも、みんなで「輪」になって、対「話」することが大切です。異なる意見にも耳を傾け、よく話し合う。**そこから「平和」「調和」「融和」が生まれます。**

そして、僕たちが今、平和に暮らせているのは、祖父母の世代が、あの悲惨な戦争を必死で生き抜き、命をつないできたおかげです。そのことを忘れてはいけません。

昭和ー平成ー令和

平和を語れ!!繋げ!!続けろ!!

ゴ

「運命」の中で役割を生きる

僕は、人間の体は宇宙の雛型《ひながた》であると考えています。宇宙に無数の星があるように、人間の体にも細胞がある。その宇宙たる人間の体は、誰が決めてつくったかはわからないけれど、細胞一つひとつが組み合わさって五臓六腑《ごぞうろっぷ》があり、すべて役割が与えられている。すごいことですね。そうして生きているのが「命」。

僕たちは、この時代に命を授かりました。どの命も好きなこと、やりたいことをやっているように見えて、一つひとつの命には役割があるのではないでしょうか。僕の場合は、宇宙飛行士になりたいと思わなかったし、政治家になりたいとも思わなかった。だけど、お笑い芸人になりたいと思ったのです。

子どもの時の環境であったり、目に映ったもの、耳に聴こえたものの中で、何かにぐーっと引き寄せられるように心が活性化されるものがある。たとえば、心の思うままに文章を書いたり、歌をうたったり。そこに自分の考えや人との関わりなどで、次第にはっきり形が見えるものがあって、それが目標となっていく。それが実現された時、それこそが自分の役割だと知るのです。

僕の場合、芸能界を目指し、お笑い芸人になって「命」のギャグをやり、日本のことや漢字を勉強し、少年院で話をするうちに、これが自分の役割だと気づいたのでした。

たくさんの人の命と出会いながら、自分の命を運んで「運命」を生き、「使命（役割）」を果たすために力を尽くし、そこに命を宿して「宿命」となる。

命ある限り、好きなこと、やりたいことをやり、命をつないで、同じように悩みがある人の未来を助けたい。そのために命があるのです。

そうして、一生懸命に生きたら、いずれ命が終わる。それが寿命、天命です。その日がくるまで、命を使い切りたいですね。

命の限りゴーゴーゴー!!

ゴ

対談　武田鉄矢×ゴルゴ松本

変わってしまった日常を生きるあなたに「贈る言葉」

「人という字は人と人とが支え合っている」。ドラマ「3年B組金八《きんぱち》先生」での名台詞は、今も多くの人の心に残っている。長年にわたり、言葉を尽くして人々の心に寄り添い続ける大先輩の武田鉄矢《たけだてつや》氏から、生きづらい時代を生き抜くヒントを聞いた。

「人という字は……」「あっ、命!」が生まれた瞬間

ゴルゴ　武田さんには何度もお目にかかっていますが、「赤いきつねと緑のたぬき」のCMに、TIMが出させていただいたのが最初だったと思います。

武田　もう20年ぐらい前のことですね。

ゴルゴ　当時から僕にとって武田さんは、子どものころからテレビで見ているスターでした。「3年B組金八先生」の第1シリーズ（1979年10月~80年3月）が放送されていたのは、僕が小学校6年生のころです。たのきんトリオ（田原俊彦《たはらとしひこ》、野村義男《のむらよしお》、近藤真彦《こんどうまさひこ》）のお三方に、三原《みはら》じゅん子さん、杉田《すぎた》かおるさんらが出演されていました。特に「人という字は人と人とが支え合っている」という名台詞がとても印象に残っていますが、あのシーンはどのように生まれたのですか？

武田　たしか、アドリブだったと思います。

ゴルゴ　え、アドリブだったんですか！

武田　当時いつも考えていたのは、飽きっぽい15歳の子どもたちが、黙って話を聞くような言葉、あるいは不良少年たちがギクッとする言葉は何だろう、ということでした。子どもたちが耳を傾けるような、分かりやすくて深い話をしなければいけないと思ったんです。これはもしかするとゴルゴさんが少年院で講演をするときも、同じような心境なんじゃないかな。

ゴルゴ　確かに僕も講演のときはそうかもしれません。でも、「金八先生」はドラマですよね？

武田　ドラマと言っても生徒役の子たちは役者じゃなくて、ほとんど素人《しろうと》でしたから。

本当は台本に書いてある台詞なんかで、うなずくような子たちじゃないんです。「この子たちが心から黙って聞きたくなるような話じゃないとダメだ」と思いながら、「人」っていう文字を黒板に書いた記憶があります。

ゴルゴ　いやあ、そうだったんですか！　確かに子どもには分かりやすいですよね。漢字としてもとても簡単で、象形文字なのでわかりやすいですよね。でも後に武田さんが調べたところ、「人」という漢字に「支え合う」という意味はなかったとか……。

武田　白川静《しらかわしずか》さんの学説によると、実は「立っている人間を横から見たもの」という、非常にシンプルな成り立ちだそうです。

ゴルゴ　漢字の成り立ちは、主にはただの記号ですからね。今で言うＬＩＮＥスタンプと同じ。でも僕は成り立ちや辞書に載っている意味だけではなく、自分たちなりの捉え方を見いだすことが大切で、それを許してくれる懐《ふところ》の深さが漢字にはあると思います。現に「人と人とが支え合っている」という金八先生の言葉には、多くの方が心を動かされましたから。

武田　とてもありがたいことですが、この話をしたときはそこまで皆さんに響いていたと思わなかったんです。でも、子どもたちがやけにしーんとして聞いていたのは覚えている。放送のあと、まずクラブのホステスさんの間で、この話をお客さんを迎えるテーブルでするというのが、流行したらしいんですよね。

ゴルゴ　ホステスさんたちも出勤前にドラマを見ていたんでしょうね（笑）。本当に社会現象的なヒットでした。

武田　第1シリーズで憶えているのは、世間が揺れているのが分かるんですよね。それほどの視聴率のすごさ。7〜8パーセントぐらいから始まって、20〜30パーセントを超えていく。嬉しい反面、怖さもありました。あんな思いは今の時代ではなかなかないと思います。以降、「この字はどういう意味ですか」と質問が来たり、スタッフもよく漢字の話をするようになって、だんだんと坂本《さかもと》金八には漢字のイメージが定着し

ていきました。

ゴルゴ　「金八先生」を見て、先生を目指した人もたくさんいます。いまも日本人の中の「理想の先生像」になっている。どのシリーズを見返しても、いろんな角度、いろんな人たちを描きながら、どう生き抜いて行くかを教えてもらえる。子どもたちの命に向き合いながら、どう導いていくかが本当に面白い。名作です！

武田　いやあ、あんまり持ち上げないでよ。ゴルゴさんの「命」のギャグはどうやって生まれたんですか？

ゴルゴ　あれは1997年の正月、埼玉の実家に帰り、翌日に東京のお笑いライブのために東京に戻るときにできました。地元の駅は1時間に電車が1本くるかどうかというぐらいの田舎《いなか》だったので、ホームで待っている間に新年らしい人文字ギャグを考えようと。ぼんやり秩父《ちちぶ》の山を眺めていたら、山頂になぜか「命」という漢字が浮かんだんです。なんだか「授かった」という感触があり、駅のホームで手を広げてみたら、「命」という漢字に見えました。これはいけるぞ！　とその日のライブでさっそくやったんです。

武田　それで、大ウケ？

ゴルゴ　残念ながら大ウケではなかったです（笑）。そもそもその日、最大50人入る会場に、7人しかお客さんがいませんでした。1月2日でしたし、人気もありませんでしたから。でもこのギャグで7人のうち4人が笑ったので、手応えを感じました。それからライブに出て行くときには必ず「命！」とやるようにしたら、だんだんイメージが定着していきました。

武田　自分がいけると思ったら、繰り返してみることは大事ですね。

「金八先生」と「林先生」の違い

ゴルゴ　世間の人々は武田さんに「教育者」としてのイメージを強く持っていると思います。実際に大学の教育学部を出て、教員の資格をお持ちなんですよね。

武田　頭に「名誉」がついているものなので実際の教員免許とはちょっと違うんですけどね。私は大学を4年生のころに中退しています。でも長年「金八先生」を演じたことにより、「教育者のイメージを向上させた」として、60歳を越えたときに、母校から卒

業証書が送られてきました。(笑)

ゴルゴ　確かに実際に先生をやるよりも、貢献度は絶対に高かったと思います！　近年は「平等」を理念として掲げたゆとり教育や、その見直しなどを通して、教育の価値観が揺らいできたように思います。武田さんは「金八先生」をやっていた頃と比べて、今の時代の教育は変わったと思いますか？

武田　我々の頃には、先生の言うことが絶対、という時代があったじゃないですか。それは完全になくなりましたね。ラジオ番組で教員の方から悩み相談がありまして、父兄の方々が教養の高い人ばかりなので、例えば「もっとわかりやすい方程式をつかったほうがいいんじゃないか」とか、授業にまでケチをつけられることがあるそうです。先生に注文をつけることが多々ある時代になっています。

ゴルゴ　教育としての体罰もなくなって久しいですね。僕らが子どもの頃は、悪いことをすると先生に叩かれていたし、部活でも「水を飲むな」とか厳しい指導を受けていた。それが熱中症や怪我につながることもあり、もちろん良いことだとは思いません。一方で、「叱ることの難しさ」という問題が出てきたようにも感じます。結果として、先生が何もできず、親のいいなりになるようなことも起きてしまう。

武田　教育が目標を持ちすぎているのではないでしょうか。今の時代、多くの人が求めているのは、「金八先生」ではなくて「林《はやし》（修《おさむ》）先生」なんです。学校の先生ではなくて、塾や予備校の講師。どちらが良い、悪いという話ではなく、このふたつはまったくの別物です。学校と塾の一番の違いは、私は「同窓会があるかどうか」だと思っています。林先生が教えている塾・予備校という場所には、同窓会がありません。塾の役割は「技術としての勉強方法を教える場」であるからです。

対して、学校には同窓会があります。それは学校が、勉強を教える場であるだけでなく、「生き方を教える場」でもあるからです。「あのとき先生に教えてもらったことが、大人になって分かりました」と報告するのが、同窓会という場所だと思っています。

ゴルゴ　なるほど、「学校の先生」の本質はそこですよね。僕も50歳を過ぎて思い出すのは、授業で習ったことではなくて、先生が話していた無駄話ばかりです。

武田　先ほども言いましたが「金八先生」のときは「子どもがギクッとする言葉」を考えていました。なぜなら自分が子どもの頃にも経験があるからです。15歳ぐらいのとき、私は悪ぶっていてろくに授業も聞かず、美術の授業中に棟方志功《むなかたしこう》の版画を見て「これは子どもが作ったんですか?」と馬鹿にしていた。すると普段は無口な美術の先生に、「これが分からんやつは人間として不幸だよ」と言われ、動揺しました。

中年になってから、東京都美術館で印象派の絵画を眺めて感動したとき、ふいにこのときのことを思い出したんです。実際、大人になってから京都の史跡にたくさんの見物人がいたり、美術展に長蛇の列ができたりしますよね。あそこにいる人たちは、みんな授業をサボっていた人なんじゃないかと思ったりします。

ゴルゴ　そうかもしれませんね(笑)。多分授業をサボって、ずっと校庭で野球とかやってた人たちですよ。

武田　サボった授業は、人生の中でいつか必ず取り返しにくるんです。だから「学びの態勢への入り方」を学校教育で身につけることはとても重要で、ただ進学のためだけに学んでいると、大人になってから何者にもなれない。今の時代の子どもたちを気の毒に思うのは、良い先生を見つけることが、とても難しいということです。思い出の中に恩師を持っていないことは、人生にとってマイナスだと思うんです。

逆に先生たちは、生徒が大人になってから「こういうことだったのか」と思うような言葉を持たせられるようになることが、教育者としての真髄だと思います。

武道、ゴルフ、男女関係……人生には「極意」がある

ゴルゴ　武田さんは合気道をやられているんですよね。

武田　はい。「金八先生」シリーズが定年の齢で終了してから、「もう一回生徒に戻るのはどうだろう」と思っていました。それで64歳から始めました。

ゴルゴ　64歳からですか！　習い事はいろいろある中で、なぜ合気道を選ばれたのですか？

武田　きっかけは内《うち》田《だ》樹《たつる》さんの本でした。内田さんは哲学者で、合気道も七段の腕前。彼の著作の中に「敵が現れた瞬間いかに愛

するか。それが合気道である」と書かれていました。この言葉には不思議と引きつけられるものがあったのですが、意味はまったく理解できなかったんです。「敵を愛する」なんて、そんな矛盾したこと、あるはずがないですよね。この言葉の意味を理解するために、飛び込んでみようと思いました。

ゴルゴ　僕も合気道の本は何冊か読んだことがあって、合気の「合」は、「愛」でもある、と書いてあったのを思い出しました。経験者ではないのでうまく理解できていませんが、愛を持って笑顔で臨むと、本当に技がかかりやすいとも書いてありました。たしか合気道の開祖と呼ばれる、植芝盛平《うえしばもりへい》さんについて書かれた本であったと思います。

武田　私が通っているところの館長は、「植芝盛平の最後の弟子」って言われている方なんです。もうお歳は80を過ぎていて。夕方に道場で稽古を受けて、館長がする武道の話を正座して聴く。私も70歳を過ぎたけど、「武田君」と呼ばれて、「はい！」って元気よく返事をする。やっぱり学ぶことは良いなと改めて実感します。

ゴルゴ　なるほど、素敵ですね！　そこでは館長はどういうお話をされるんですか？

武田　不思議なお話で、決して武勇伝ではないんですよ。私がとても好きなのは、館長が道場をかまえたばかりの頃の日常のお話。勤め人の方たちに向けて早朝6時半から稽古を行っているのですが、館長のご自宅から道場までが遠いので、ある日遅刻しそうになり、赤信号にもかかわらず走って横断しようとしたそうです。そうしたら孫の手を引いた温厚そうな老紳士に、大きな声で「赤ですよ！」と注意された。館長はすぐに横断歩道の前に戻り、深々と頭を下げて何度も謝った。ご老人は「いやいや、そこまで謝ることではない。私こそ孫の前だからと格好つけて、大きな声を出してしまった」と、早朝の街でふたりして頭の下げあいになった。

このとき、館長は少し合気道を理解できたのだそうです。合気道の精神は「ぶつからないこと」。「敵をつくらないこと」。紛争の場面でも力と力でぶつからず、かわし合う。このあと、ご老人は朝ご飯を食べながら、「気持ちの良い青年だったな」と私のことを思い出す。私は道場へ向かう電車の中で「孫思いの優しい方だったな」とご老人のことを思い出す。お互いとてもよい一日のスタートを切った。これが合気道なんだ、と。

ゴルゴ　すごくいいお話ですね！　ぶつからないことこそが真髄。もしかすると、先ほどの内田さんの「敵を愛する」というお話や、植芝さんの合気道の「合」は「愛」でもある、という言葉は、ここにつながっているのかもしれません。

武田　そうですね。だから合気道は殺気を出さない武道なんです。一番基本的な動作でも、肩に力が入っているとすぐに指摘されます。力が入っていると、相手に動きがばれる。息を吸って力が入るのがわかると、相手に動きが読まれる。合気道は相手が息を吸った瞬間に、自分は吐くのが大切で、吐くと同時に無意識に動けるように訓練をします。合気道を始めて以来、演技をするときもいままで息を吸っていたところで、吐くようになったんですよ。そうすると面白いもので、思うように身体が動くようになりました。金八先生はずっと息を吸いながらやっていましたからね。(笑)

ゴルゴ　息を吸って力をいれないと、不良少年を叱れませんよね。今の「息を吐く」というのは、僕にとっても大きなヒントになりました。きっとゴルフにも通用しますよね。テークバックの時、息を吸うべきか吐くべきかいろいろ試しているんです。

武田　そう！　ゴルフにも通じる。テークバックの時は、まず吸う。それで吐きながら振る。そうすると力むことができなくなるから、しっかりミートできるようになるんですよ。

ゴルゴ　武道に限らず力が抜けている人の方が、すべてのことでプロフェッショナルになっていきますよね。

武田　ゴルゴさん、私はまさにそれを追い求めているんですよ。人生には、すべてのことに通じる「極意」がある気がするんです。その極意を一つでもいいから摑みたい。ここで言う極意というものは、全てのことに通用しないとダメなんです。合気道は強くなって、ゴルフは上達し、飯はうまくて、よく眠れる。男女関係もうまくいく。そんな黄金の言葉を、生きているうちに一つでも見つけたい。内田樹さんの文章からは、極意の匂いがするんです。だから合気道に惹かれたのかもしれませんね。

ゴルゴ　僕も同じように思います。漢字もそうですが、昔の人が何を考えていたか、ということを通して、それが分からないか研究しています。今のお話を通して、ヒントをもらえた気がします。これから面白い50代が過ごせそうです！

山田洋次、高倉健から学んだ「協力」すること

ゴルゴ　武田さんにとっての、人生の「先生」にあたる方はどなたなのでしょうか？

武田　やっぱりすぐ思い浮かぶのは、「幸福の黄色いハンカチ」のときの山田洋次《やまだようじ》監督と高倉健《たかくらけん》さんですね。お二人に演技のいろはを教えてもらいましたが、山田さんにも健さんにも哲学がありました。

ゴルゴ　それは、どんな哲学だったんですか?

武田　私が運転の途中でお腹を壊し、車を置いて走るコミカルなシーンが映画の中にありました。ここをリハーサルしていたら、山田監督の機嫌がみるみる悪くなっていきました。何十回もやりなおしになり、監督の言葉も荒々しくなっていった。なによりやりなおしている間、ずっと健さんを待たせていたんです。もう、身の縮むような思いでした。そのとき、演技の素人だった僕に監督が言ったのは「武田君、喜劇は泣きながら作るんだよ」ということでした。

そのときは分からず、あとになって理解できたのですが、「下痢《げり》をして走るということは、人間としてはすごく恥ずかしい。本当は泣きたい。その泣きたい人が、お尻を押さえて草むらに駆け込むから可笑しいんだ」ということなんです。笑わせるためには泣きながら、泣かせるためには笑いながら演じる。当時27歳の馬鹿な若造でしたけれど、ものすごく堪《こた》えた一言でした。

ゴルゴ　演技には笑いと泣きの、反転の妙があるんですね。高倉健さんはどんな方だったのですか？

武田　健さんからは俳優としての矜持《きょうじ》に、凄みさえ感じました。撮影中は毎日くたくたになるまで演技をするんですが、高倉健という人は、その間まったく座らないんですよ。今でも思い出すのは、ラストシーンのときのこと。青空を撮影するのに、晴れるのを待っていたときです。カメラをセットして、その一歩後ろから健さんが歩き出して、画角に背中が入ってくる、という場面でした。でもその日は、まったく晴れそうな天気じゃなかったんです。しかも、ロケ地の北海道では有珠山《うすざん》が噴火して、撮影地のほうに火山灰が流れてきている。あきらめて演出を変えるか、編集で空の色を塗るかし

ないと、終わらないと思っていました。

でも山田監督は「真っ青な空」と言ったきり、ディレクターチェアから一歩も動かない。健さんはカメラの後ろにつけられた×印の上に立って動かない。私と桃井《ももい》かおりさんは耐えられなくて、近くの家でストーブを焚いてもらって暖まっていました。それも1日や2日じゃありません。6日間待ちました。

ゴルゴ 6日間も！ そこまでとは。

武田 3日目のときに、「これはもう、言ってやらないと分からないな」って思ったんです。

ゴルゴ ちょっと待ってください。武田さん、当時27歳ですよね？

武田 46歳の健さんに「晴れっこないですよ！ 休みましょうよ！」って（笑）。でも健さんは「おれは芝居が下手だから、暖かいところに行ったら気持ちが切れる」と言って動かない。私は「もう、寒いのにやせ我慢して！」って言って待ち続けていた。

そうしたら6日目に突然晴れたんです。相変わらず桃井さんとストーブの前にいたので、慌ててしまいました。大型扇風機を用意して黄色いハンカチをたなびかせる予定だったんですが、必要ないくらいに風が吹きはじめた。スタートがかかって、健さんが歩き出す。カメラが健さんを見送っている私と桃井さんの方を向く。台本には「大粒の涙」って書いてあったんですが、ストーブの前にいたので目がカラカラになり、急に晴れた驚きもあって涙なんか出ませんでした。それでも桃井さんは大したもので泣くんです。「これは山田監督に殺される」と思いました。（笑）

監督はすぐに私の様子に気づいて、「気持ちを作ってないからこうなるんだ」と。怒鳴られると覚悟したら、「器用に涙を流せる人もいるけど、目の奥がきらっと光るだけでいいから。無理に泣こうと思うな」と優しい言葉をかけてくれました。そのときに健さんが私の方に来て、「長い間ありがとうな」って言ったんです。「あともう少しで終わりだろう。二人と一緒に映画を作れて楽しかった」って、握手をしてくれたんですよ。そうしたら山田監督が、今までの撮影中一番優しい声で「本番行きましょう。いよいよラストです。よーい……」と始まった。そしたらまあ泣けた、泣けた。

ゴルゴ　なんていいお話なんですか。それは泣いちゃいますよ。

武田　お二人がこの撮影を通して教えてくれたのは、「たった一人が名演技をしてもしょうがない」ということでした。演技がうまい人も下手な人も、そこそこの人も、みんなで力を合わせて最高の1シーンを作る。その大切さはずっと私の中で残っているんです。このときの別れのシーンを思い出しながら、「金八先生」の卒業の場面、生徒たちを集めて一人ひとりに語りかけるシーンを演じました。そうすると生徒たちにも思いは伝わって、涙を流してくれるんです。

ゴルゴ　いやあ、すごい話だ。こうやって武田さんの中で、全てがつながっていくんですね。

武田　山田組というチームはスタッフにしても、実は全員が優秀な人ではないんですよ。中にはサボることばっかり考えてる人も、愚痴《ぐち》ばっかり言っている人もいる。でも山田監督はそういう人を、あえてチームに入れている。役に立つ人ばかりだと、良い映画はできないんだそうです。その映画にあまり思い入れがない人がいて、でもその人が撮影の土壇場で「監督、ここは粘りましょう」って言ったときに、作品として成功する確信が生まれるんだと。

ゴルゴ　そのやり方はとても日本人らしい仕事のやり方で、今の時代にぴったりだと思うんです。それぞれが持っている「微力」っていう力を集結させて「協力」することで、「強力」にしていく。震災のときもそうでしたが、今回のコロナも、大変なときに力を合わせられるのが、日本人という人種だと思う。「協力」が想像もできない大きな力になるのを感じました。

新しい時代のヒントは大谷翔平にある

ゴルゴ　コロナウイルスの流行をきっかけに時代は変化し、考え方も変わってきました。現在（収録時2021年10月）、感染者数は減り、収束が見えてきた状態なので、世の中は「動く」フェーズに入ったと思います。動いていい。自分のやりたいことをやっていい。今度はコロナによって起きた「変化」を、「進化」させることが必要になってきているように感じます。武田さんはこの後、どんな時代になっていくと思われますか？

武田　私も同じように思っています。ただし、日常は戻ってくるかもしれませんが、以前と同じ日常ではない。別の日常をつくっていく、時代の節目にさしかかったように思います。新しい日常をどうつくるか、これからの時代をどう前向きに生きるかのヒントは、すでにあると思うんです。
コロナの流行で日本はぺしゃんこになり、暗いニュースばかりでした。でもそれと同じ時期に、メジャーリーグで大谷翔平《おおたにしょうへい》選手があんなにも活躍していることには、何か意味がある気がしてならないんです。
ゴルゴ 大変な時代の中で、日本人が世界中を驚かせている。確かに何かメッセージを感じます。
武田 メジャーリーグは人種のるつぼ。日本人の身体能力を遥かに超える人たちのなかで、大和《やまと》民族が活躍し、世界中を驚かせている。そんな彼と同じ遺伝子を、私たちも持っている。それはとても大きな希望ですよ。
ゴルゴ 大谷選手は母校・花巻東《はなまきひがし》高校の佐々木《ささき》監督の教えで、良い「運」に会うために、普段から良いことをするようにしているそうです。だから、グラウンドでゴミを率先して拾うんですよね。あの行為が、アメリカでは大人気です。他のメジャーリーガーたちは、みんな平気でゴミをそのあたりに捨てている。日本人以外で、あんなことを考えつくスポーツマンはいませんよね。

武田　あの行為が外国人にとって、日本人とわかる一種のアイコンになっている。それに、敵チームの選手の肩をあんなに穏やかに叩く選手はいない。たおやかな笑顔で、試合の雰囲気を一変させる。大谷選手は何か「極意」を持っている気がするんです。

ゴルゴ　さきほどの合気道の話の中で、「敵を愛する」という言葉がありました。敵をつかった漢字に、「素敵」という言葉があります。敵を素敵と思ったら、それはもう敵じゃない。相手を倒す無駄な力はいらないし、何より楽しくなる。大谷選手は日本人の素晴らしい見本ですね。

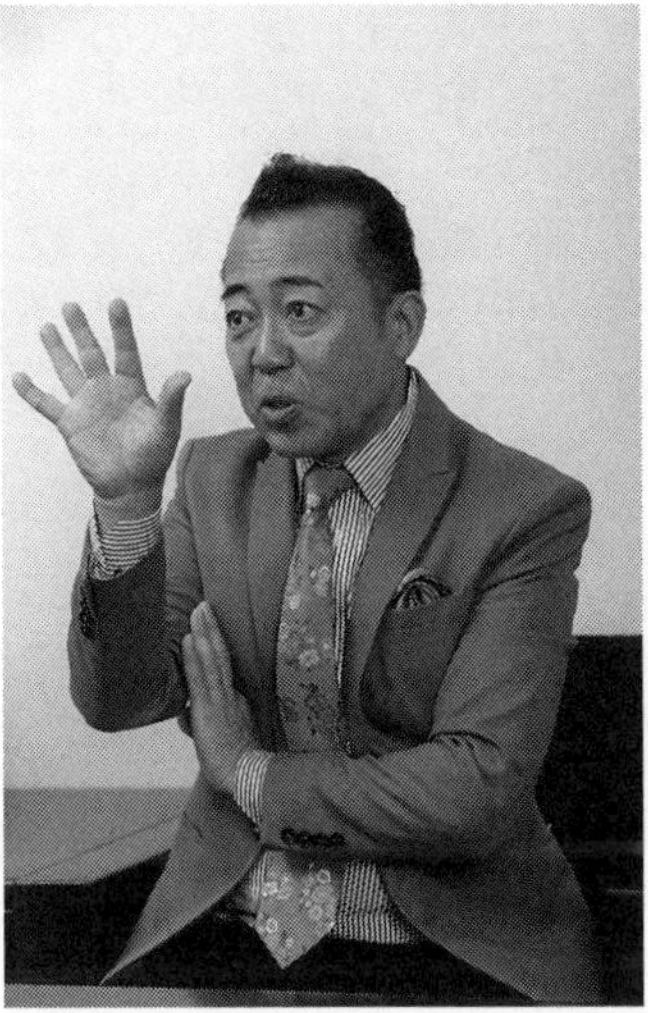

武田　アメリカでの大谷選手の人気ぶりを見ると、日本人選手がメジャーリーガーを目指すのと反対に、野球を志《こころざ》すアメリカ人の中に、日本に行きたがる人も出てくるかもしれませんね。大谷選手の出身校に通おうとするアメリカの少年も出てくるかも。

ゴルゴ　そうすると外国人選手が甲子園に

出てくることになりますよね。外国の選手が頭を坊主にして、グラウンドで大きな声を出す日が来るかもしれません。

武田　特筆すべきは、岩手県内の田舎町の出身ということです。学校まで何キロも歩かなければいけない町で培われたのがあの力。他にもイチロー選手や松井秀喜《まついひでき》選手も田舎町で生まれている。つまり、東京経由でスーパースターが生まれる時代じゃなくなっているんです。

ゴルゴ　地方が主役になる時代が近いのかもしれないですよね。言語にしても、今の標準語も、明治になって作られたものです。それまでは各地方にいろいろな言葉があって、標準語という認識はなかった。だから方言こそが本当の日本語だと、語学の本で読みました。中央が優れているという考え方は、元々はなかったのかもしれませんね。

武田　いま、リモートワークが拡がり、会社にいなくても仕事ができるようになっています。この側面をとっても、大都会、中央の意味合いがゆっくり薄らいでいくかもしれませんね。いやあ、今日は楽しくて話し疲れた！

ゴルゴ　本当に勉強になることばかりでした。ありがとうございました！

たけだ・てつや

1949年生まれ。福岡県出身。72年にフォークグループ「海援隊」のボーカルとしてデビュー。77年に山田洋次監督に見出され、映画「幸福の黄色いハンカチ」に出演し、俳優として高い評価を得る。79年にテレビドラマ「3年B組金八先生」の主人公・坂本金八役を務め、一世を風靡。以降、数多くの名作に出演する。名誉学士（福岡教育大学）、名誉漢字教育士（立命館大学）、長崎市亀山社中記念館名誉館長。

あとがき

少年院に講演に行くようになって強く感じたのは、人間は一人では生きていないということでした。

自分の人生の主演はもちろん自分ですが、たくさんの助演の方々がいるからこそ、一つひとつのシーンが生まれるのです。

僕の場合、1回の講演会をとっても、まず僕に声をかけてくれる人がいる。その上で場所や日時を調整し、上司に話を通し、人を集め、会場をセッティングし……と、たくさんの人の力を借りて、ようやく行うことができます。それは簡単なことではありませんが、「犯罪率を減らしたい」「子どもたちの未来を良いものにしたい」といった志のために一生懸命準備し、そしてその想いを僕に託してくれる。本当にありがたいことです。

この活動を10年間もやってこられたのも、数え切れないほどたくさんの方が力を貸してくれたからです。最初に熱く僕を説得してくれた北村さん、その北村さんに会わせてくれた妻、スタッフ、マネージャー、講演で話すことのヒントを教えてくれた先人たち、話を聞いてくれた少年たち、この本を読んでくれているみなさん。お世話になった人の名前をあげたらきりがありません。きっかけを与えてくれた「あっ、命！」というギャグにも感謝しなければいけません。みなさんがいたからこそ、僕は10年後の自分に会えました。

自分以外の全ての命への感謝を胸に、生きている間はこの命を全力で使い続けていきます。

２０２１年10月吉日　ゴルゴ松本

編集協力／福永妙子
イラスト・文字／チームゴルゴ
本文ＤＴＰ／平面惑星

本書〈第三章「命」の授業〉は読売新聞夕刊連載「ゴルゴ松本　前略10代のみんなへ」の２０２０年４月～２０２１年７月掲載分を大幅に加筆・修正したものです。

ラクレとは…la clef=フランス語で「鍵」の意味です。
情報が氾濫するいま、時代を読み解き指針を示す
「知識の鍵」を提供します。

中公新書ラクレ
749

「命《いのち》」の相談室《そうだんしつ》
僕《ぼく》が10年間《ねんかん》少年院《しょうねんいん》に通《かよ》って考《かんが》えたこと

2021年12月10日発行

著者……ゴルゴ松本《まつもと》

発行者……松田陽三
発行所……中央公論新社
〒100-8152 東京都千代田区大手町 1-7-1
電話……販売 03-5299-1730　編集 03-5299-1870
URL http://www.chuko.co.jp/

本文印刷……三晃印刷
カバー印刷……大熊整美堂
製本……小泉製本

Published by CHUOKORON-SHINSHA, INC.
Printed in Japan　ISBN978-4-12-150749-5　C1295

中公新書ラクレ　好評既刊

L601
ひとまず、信じない
――情報氾濫時代の生き方
押井　守 著

世界が認める巨匠がおくる幸福論の神髄。ネットが隆盛し、フェイクニュースが世界を覆う時代、何が虚構で何が真実か、その境界線は曖昧である。こういう時代だからこそ、所与の情報をひとまず信じずに、自らの頭で考えることの重要さを著者は説く。幸せになるために成すべきこと、社会の中でポジションを得て生き抜く方法、現代日本が抱える問題についても論じた、押井哲学の集大成とも言える一冊。

L608
ゴールをぶっ壊せ
――夢の向こう側までたどり着く技術
影山ヒロノブ 著

16歳でデビューしたバンドは4年で解散。天国から一転、堕ちた地獄から、ノーギャラライブやアルバイト生活を経て、今頂に立つ、アニソン界のパイオニア・影山ヒロノブ。苦難の先で出会った「聖闘士神話～ソルジャー・ドリーム～」「CHA-LA HEAD-CHA-LA」、アニソンレジェンドたち、そしてJAM Project。なぜ諦めなかったのか？　なぜファンは、そして世界は彼を愛するのか？　だからもっと熱くなれ！　その手で夢をつかみとれ！

L624
日本の美徳
瀬戸内寂聴＋ドナルド・キーン 著

ニューヨークの古書店で『源氏物語』に魅了されて以来、日本の文化を追究しているキーンさん。法話や執筆によって日本を鼓舞しつづけている瀬戸内さん。日本の美や文学に造詣の深い二人が、今こそ「日本の心」について熱く語り合う。文豪たちとの貴重な思い出、戦争や震災後の日本への思い、そして、時代の中で変わっていく言葉、変わらない心……。ともに96歳、いつまでも夢と希望を忘れない偉人たちからのメッセージがつまった対談集。

L633

老いと孤独の作法

山折哲雄 著

人口減少社会、高齢社会を迎えたいまこそ、人間の教養として、「一人で生きること」の積極的な意味と価値を見直すべきときではないか。歴史を振り返れば、この国には老いと孤独を楽しむ豊かな教養の伝統が脈打っていることに気づくだろう。西行、鴨長明、芭蕉、良寛、山頭火……。宗教学者として、日本人のさまざまな生と死に思いをめぐらせてきた著者が、みずからの経験を交えながら、第二の人生をどう充実させるかを考える。

L634

人生の十か条

辻　仁成 著

作家で、ミュージシャンで、一人の父、辻仁成氏。多様な活動を前に生じた想いをツイッターやWEBサイトを通じて発信している。この新書は、その辻氏が配信して反響を呼んでいる「十か条」に、書き溜めたコラムやエッセイを合流、大幅に加筆編集をしたもの。悩んだときや壁にぶつかったとき、あなたはどう考え、そしてどう行動するべきか？　不運、トラブル、人間関係。どんなに辛いことも、この「十か条」があれば、きっと大丈夫。

L660

決　断

――会社辞めるか辞めないか

成毛　眞 著

「このまま定年を迎えるか、それとも転職してもう一花咲かせるか」と悩みがちなミドルエイジ。今やテクノロジーやグローバリズムの影響で、会社どころか業界ごと消える可能性まであるし、ますます悩みは深い。一方、そうした激変が既に起きているのがメディア業界だと著者は指摘する。注目のメディア人はなぜ「決断」した？　同僚や家族はその時どう反応した？　そしてお金はどうなった？　激動の今こそ、目利き人の「決断」に学べ！

L663

赤ちゃんはことばをどう学ぶのか

針生悦子 著

認知科学や発達心理学を研究する著者は、生後6～18ヶ月くらいの子ども、いわゆる〝赤ちゃん研究員〟の「驚き反応」に着目し、人がどのようにことばを理解しているか、という言語習得のプロセスを明らかにしてきた。本書はその研究の概要を紹介しながら、これまでに判明した驚くべき知見を紹介していく。そのプロセスを知れば、無垢な笑顔の裏側に隠された「努力」に驚かされると同時に、赤ちゃんへ敬意を抱くこと間違いなし！

L665

精神科医が教える 親のトリセツ

保坂　隆　著

頑固な親に気持ちよく運転免許の返納をすすめることができますか？　最近の親子関係はより複雑になってきました。親とのコミュニケーションを上手に取らないと大変なことになります。高齢の親との話し方、接し方を含め具体例を交えながら、わかりやすく事例を紹介する親のトリセツ（取り扱い説明書）の決定版です。精神科医の著者が医学的見地から高齢化社会の問題を解決するバイブルの一冊。わがまま、融通が利かないと思うのはやめましょう。

L681

森光子　百歳の放浪記

川良浩和　著

二〇二〇年五月で生誕一〇〇年となる森光子。女優としては遅咲きながら、四〇代で主役の座を射止めた『放浪記』は、上演二〇〇〇回を超えるロングランとなった。「日本のお母さん」として親しまれ、二〇〇九年には国民栄誉賞も受賞。本書では、浜木綿子、黒柳徹子、奈良岡朋子、石井ふく子、東山紀之、堂本光一ほか、彼女の人生に寄り添った方々にインタビューを行い、その貴重な証言から、波瀾の生涯と、舞台に立とうとし続けた大女優の姿を描く。

L684

新装版 「遊ぶ」が勝ち

為末　大　著

世界陸上選手権のハードル競技で銅メダルを二度勝ち取り、オリンピックにも三度出場。引退後はスポーツと教育に関する活動を行い、ビジネスの世界に挑戦している「走る哲学者」の原動力とは何か？「人間は遊ぶ存在である」。競技生活晩年、記録が伸びず苦しかったときに出会った名著に重要なヒントがあった。世界の第一線で闘った競技生活を振り返り、「遊び」という身体感覚を言語化する。「努力が報われない」と悩む人たちへ贈る心の操縦法。

L690

街場の親子論
――父と娘の困難なものがたり

内田　樹＋内田るん　著

わが子への怯え、親への嫌悪。誰もが感じたことのある「親子の困難」に対し、名文家・内田樹さんが原因を解きほぐし、解決のヒントを提示します。それにしても、親子はむずかしい。その謎に答えるため、1年かけて内田親子は往復書簡を交わします。微妙に嚙み合っていないが、ところどころで弾ける父娘が往復書簡をとおして、見つけた「もの」とは？　笑みがこぼれ、胸にしみるファミリーヒストリー。

L695

回想のすすめ
――豊潤な記憶の海へ

五木寛之 著

不安な時代にあっても変らない資産がある。それは人間の記憶、一人ひとりの頭の中にある無尽蔵の思い出だ。年齢を重ねれば重ねるほど、思い出が増えていく。記憶という資産は減ることはない。齢を重ねた人ほど自分の頭の中に無尽蔵の資産があり、その資産をもとに無限の空想、回想の荒野のなかに身を浸すことができる。これは人生においてとても豊かな時間なのではないだろうか。最近しきりに思うのだ。回想ほど贅沢なものはない。

L699

たちどまって考える

ヤマザキマリ 著

パンデミックを前にあらゆるものが停滞し、動きを止めた世界。17歳でイタリアに渡り、キューバ、ブラジル、アメリカと、世界を渡り歩いてきた著者も強制停止となり、その結果「今たちどまることが、実は私たちには必要だったのかもしれない」という想いにたどり着いたという。混とんとする毎日のなか、それでも力強く生きていくために必要なものとは？　自分の頭で考え、自分の足でボーダーを超えて。あなただけの人生を進め！

L703

不登校、うつ状態、発達障害　思春期に心が折れた時　親がすべきこと
――コロナ禍でも「できる」解決のヒント

関谷秀子 著

うつ状態、摂食障害、発達障害……。心の悩みを抱えた思春期の子どもたちを病院に連れて行けば、すぐに病名が付き、薬も処方されます。けれど、どんな病名が付いたとしても、子どもの本当の悩みと向き合わずに問題が解決することはありません。思春期の子どもの心の悩みの背景には親子関係や両親の夫婦間関係の問題が隠れていることも多いのです。子どもが再び前向きに生きるために、親が家庭の中でできることがあるのです。

L709

ゲンロン戦記
――「知の観客」をつくる

東　浩紀 著

「数」の論理と資本主義が支配するこの残酷な世界で、人間が自由であることは可能なのか？「観客」「誤配」という言葉で武装し、大資本の罠、敵／味方の分断にあらがう、東浩紀の「生き延び」の思想。哲学とサブカルを縦横に論じた時代の寵児は、２０１０年、新たな知的空間の構築を目指して「ゲンロン」を立ち上げ、戦端を開く。いっけん華々しい戦績の裏にあったのは、予期せぬ失敗の連続だった。ゲンロン10年をつづるスリル満点の物語。

L718

老いる意味
――うつ、勇気、夢

森村誠一 著

老いれば病気もするし苦悩もする。老人性うつ病を克服した著者の壮絶な体験を告白。だが、身体が老いても病を経験しても心は老いてしまうわけでない。老いを恐れず残された日々を自然体でいること。良いことも悪いこともすべて過去の出来事として水に流す。老いの時間を「続編」や「エピローグ」のつもりでなく「新章」にすればいい。夢は広がり、いくつになっても新しいことが始められる。米寿を迎えた作家・森村誠一渾身の「老い論」の決定版。

L719

「失敗」の日本史

本郷和人 著

メディアで引っ張りだこの東京大学史料編纂所・本郷和人先生が、「日本史×失敗」をテーマにした新書を刊行！　元寇の原因、実は鎌倉幕府側にあった？　生涯のライバル、上杉謙信・武田信玄ともに跡取り問題でしくじったのはなぜ？　明智光秀重用は織田信長の失敗だと断言できる？　日本史を彩る英雄たちの「失敗」を検証しつつ、そこからの学び、さらには「もし成功していたら」というifまで展開。失敗の中にこそ、豊かな〝学び〟はある！

L720

世界の日本人ジョーク集　令和編

早坂　隆 著

累計100万部突破の定番シリーズが、令和に時を移して再登場。菅総理が就任し、トランプ大統領は退任、そして世界を覆うコロナの影……。混迷が続く今、日本人が登場するさまざまなジョークを土台にしながら、平成から令和への移り変わりを描く。国際社会で、存在感はあるのかないのか？　科学技術大国は健在？　日本人というキャラクターは、どのような「キャラ変」を遂げたのか。浮き彫りになる日本人のお国柄を、笑いとともに見直そう！

L724

鳥取力
――新型コロナに挑む小さな県の奮闘

平井伸治 著

鳥取県は、日本で最も小さな県である。中国地方の片田舎としか認識されず、企業誘致を提案しても苦笑いされた。しかし大震災と新型コロナ感染拡大により時代の空気と価値観が変わった。鳥取を魅力的な場所と思ってもらえるようになった。新型コロナ感染症対策では、ドライブスルーのPCR検査を導入し独自の施策を展開。クラスター対策条例なども施行し感染者が一番少ない県となった。本書では、小さな県の大きな戦いを徹底紹介する。